Gu viaje: Tailandia (En español)

Colección Guías del mundo

Napat Tanarak

Índice

1. Información general

1.1. Breve historia de Tailandia

1.2. Documentación necesaria

1.3. Clima y temporada ideal para visitar Tailandia

1.4. Cómo llegar a Tailandia

1.5. Cómo moverse por Tailandia

1.6. Idioma

1.7. Moneda y cambio de divisas

1.8. Presupuesto

1.9. Tailandia en la cultura popular

2. Principales lugares turísticos

2.1. Bangkok

2.2. Chiang Mai

2.3. Phuket

2.4. Krabi

2.5. Ayutthaya

2.6. Sukhothai

2.7. Chiang Rai

2.8. Kanchanaburi

2.9. Pattaya

2.10. Koh Samui

2.11. Koh Phi Phi

2.12. Koh Tao

2.13. Koh Lanta

2.14. Hua Hin

2.15. Railay

2.16. Koh Chang

2.17. Parque Nacional Khao Yai

2.18. Parque Nacional Erawan

2.19. Koh Samet

2.20. Koh Mak

2.21. Koh Kood

2.22. Parque Nacional Doi Inthanon

2.23. Parque Histórico Phanom Rung

2.24. Festival Phi Ta Khon

2.25. Pueblo Bo Sang

3. Alojamiento

3.1. Tipos de alojamiento en Tailandia

3.2. Las mejores zonas para hospedarse en Tailandia

4. Comida

4.1. Comida típica tailandesa

4.2. Restaurantes recomendados

5. Principales atracciones y excursiones en Tailandia

5.1. Templo del Buda de Esmeralda (Wat Phra Kaew) y Gran Palacio en Bangkok

5.2. Templo del Amanecer (Wat Arun) en Bangkok

5.3. Mercado flotante Damnoen Saduak en Bangkok

5.4. Mercado nocturno de Chiang Mai

5.5. Santuario de elefantes en Chiang Mai

5.6. Templo Blanco (Wat Rong Khun) en Chiang Rai

5.7. Isla Phi Phi y la bahía Maya en Krabi

5.8. Parque Nacional Khao Yai en Nakhon Ratchasima

5.9. Isla de James Bond en Phang Nga Bay

5.10. Isla de Coral (Koh Hae) en Phuket

5.11. Parque Nacional Ang Thong en Koh Samui

5.12. Templo de la Cueva del Tigre (Wat Tham Sua) en Krabi

5.13. Excursión a la cascada de Erawan en Kanchanaburi

5.14. Ciudad antigua de Ayutthaya

5.15. Lago Cheow Lan en Khao Sok

6. Cultura y costumbres

6.1. Principales tradiciones tailandesas

6.2. Protocolo en Tailandia

7. Actividades al aire libre

7.1. Senderismo en Chiang Mai

7.2. Buceo en Koh Tao

7.3. Paseo en elefante en Chiang Mai

7.4. Surf en Phuket

7.5. Escalada en Railay

7.6. Avistamiento de aves en Khao Yai National Park

7.7. Rafting en el río Mae Taeng en Chiang Mai

8. Vida nocturna

8.1. Principales clubes y bares

8.2. Principales fiestas en la playa

9. Información adicional

9.1. Cómo ahorrar dinero en Tailandia

9.2. Cómo viajar seguro por Tailandia

1. Información general

Si estás buscando un destino exótico y emocionante para tus próximas vacaciones, Tailandia es la elección ideal. Con una historia rica y fascinante, una cultura vibrante y una belleza natural impresionante, Tailandia es un lugar que no te decepcionará.

En esta guía de viaje, te proporcionaremos información detallada y útil sobre todo lo que necesitas saber antes de planificar tu viaje a Tailandia. Ya sea que estés interesado en la historia y la cultura del país, la deliciosa gastronomía tailandesa, los emocionantes deportes al aire libre o los lugares turísticos más populares, esta guía te proporcionará todo lo que necesitas saber para aprovechar al máximo tu viaje.

En esta sección, te presentamos una breve historia del país, los requisitos de documentación necesarios para ingresar al país, el clima y la temporada ideal para visitar, cómo llegar a Tailandia, cómo moverse por el país y mucho más. Esta información te ayudará a planificar mejor tu viaje y a estar preparado para cualquier eventualidad que pueda surgir en el camino.

1.1. Breve historia de Tailandia

Tailandia, oficialmente conocida como el Reino de Tailandia, es un país del sudeste asiático con una rica y fascinante historia que se remonta a más de mil años. Originalmente, Tailandia fue el hogar de varios pueblos y tribus, incluyendo los Mon, los Khmer y los Tai. Los primeros registros históricos de Tailandia datan del siglo XIII, cuando el reino de Sukhothai se estableció en la región central del país. Sukhothai fue sucedido por el reino de Ayutthaya, que gobernó Tailandia durante más de 400 años y se convirtió en uno de los imperios más ricos y poderosos del sudeste asiático.

Sin embargo, en el siglo XVIII, el reino de Ayutthaya cayó ante la invasión birmana y Tailandia entró en un período de inestabilidad política. En 1782, el general Chao Phraya Chakri fundó el reino de Siam y estableció la dinastía Chakri. Durante los siguientes años, Siam se modernizó y se expandió, convirtiéndose en una de las pocas naciones del sudeste asiático que nunca fue colonizada por una potencia europea.

En 1932, Siam se convirtió en una monarquía constitucional y cambió su nombre a Tailandia. Durante la Segunda Guerra Mundial, Tailandia se alió con Japón y cedió parte de su territorio a la nación japonesa. En 1946, Tailandia se convirtió en una monarquía constitucional parlamentaria y ha mantenido esta forma de gobierno desde entonces.

En la actualidad, Tailandia es uno de los países más populares del sudeste asiático para los turistas internacionales debido a su rica historia, su cultura vibrante y su belleza natural impresionante. Además, Tailandia es uno de los países más prósperos de la región y ha experimentado un rápido crecimiento económico en las últimas décadas.

1.2. Documentación necesaria

Antes de viajar a Tailandia, es importante asegurarse de tener la documentación necesaria para ingresar al país. Los ciudadanos de algunos países pueden ingresar a Tailandia sin necesidad de visa por un período de hasta 30 días, mientras que otros ciudadanos pueden necesitar una visa antes de su llegada. Es importante verificar los requisitos de visa para tu país de origen antes de planificar tu viaje.

Además, todos los visitantes a Tailandia deben tener un pasaporte válido por al menos seis meses desde la fecha de entrada al país. También es importante tener en cuenta que los visitantes deben tener un billete de avión de regreso o un billete de avión que muestre su salida del país.

Los visitantes a Tailandia también deben completar un formulario de inmigración a su llegada al país. Este formulario es proporcionado por las aerolíneas antes del aterrizaje y debe ser completado antes de pasar por el control de inmigración.

Es importante tener en cuenta que Tailandia tiene leyes estrictas con respecto a la posesión y el uso de drogas ilegales. Los visitantes que son arrestados por posesión o uso de drogas ilegales pueden enfrentar penas graves, incluyendo la pena de muerte. También se prohíbe la posesión y uso de armas de fuego sin una licencia y los visitantes que violan estas leyes pueden enfrentar penas graves.

1.3. Clima y temporada ideal para visitar Tailandia

Tailandia tiene un clima tropical, lo que significa que hace calor y hay mucha humedad durante todo el año. Sin embargo, el clima varía de una región a otra. En general, la mejor época para visitar Tailandia es de noviembre a febrero, durante la temporada fresca y seca.

Durante esta época, las temperaturas son más suaves y hay menos humedad. Las lluvias son menos frecuentes, lo que significa que hay más días soleados y menos probabilidades de que las actividades al aire libre se vean afectadas por el clima. Además, la temporada alta de turismo en Tailandia es de noviembre a marzo, lo que significa que hay más opciones de alojamiento y actividades disponibles.

De marzo a mayo, Tailandia experimenta su temporada caliente y seca. Las temperaturas pueden superar los 40 grados Celsius en algunas áreas, lo que hace que las actividades al aire libre sean más difíciles y menos agradables. Sin embargo, esta época del año es ideal para aquellos que buscan evitar las multitudes y disfrutar de precios más bajos en alojamiento y actividades turísticas.

De junio a octubre, Tailandia experimenta su temporada de lluvias. Durante esta época, las lluvias son frecuentes y pueden ser intensas, lo que puede afectar a las actividades al aire libre. Sin embargo, muchas personas disfrutan de visitar Tailandia durante esta época del año debido a que hay menos turistas y los precios son más bajos. Además, las lluvias suelen ser intensas pero cortas, lo que significa que aún hay muchas oportunidades para disfrutar del país durante el día.

1.4. Cómo llegar a Tailandia

Tailandia es uno de los destinos turísticos más populares del sudeste asiático, lo que significa que hay muchas opciones disponibles para llegar al país desde cualquier parte del mundo.

Por aire

El aeropuerto internacional más grande de Tailandia es el Aeropuerto Internacional Suvarnabhumi de Bangkok (BKK), que es el principal punto de entrada para la mayoría de los turistas que visitan Tailandia. El aeropuerto recibe vuelos directos desde ciudades de todo el mundo, incluyendo Nueva York, Londres, París, Sydney, Tokio, Singapur, Hong Kong y muchas más.

Además, Tailandia tiene otros aeropuertos internacionales importantes en ciudades como Phuket, Chiang Mai, Krabi, Hat Yai y Koh Samui. Dependiendo de tu destino en Tailandia, puede ser más conveniente volar directamente a uno de estos aeropuertos en lugar de a Bangkok.

Por tierra

Es posible ingresar a Tailandia por tierra desde países vecinos como Laos, Camboya, Malasia y Myanmar. Hay varios puestos fronterizos que permiten el cruce de fronteras por tierra, pero es importante verificar los requisitos de visa para cada país antes de planificar tu viaje.

También es posible ingresar a Tailandia por tierra desde China, aunque este es un proceso más complicado que requiere varios permisos y visas especiales.

Por mar

Si estás interesado en llegar a Tailandia en barco, hay varias opciones disponibles. El puerto más grande de Tailandia es el puerto de Bangkok, que recibe cruceros de lujo y barcos de carga de todo el mundo.

Además, hay varios puertos en el sur de Tailandia que reciben transbordadores y barcos de alta velocidad desde destinos como Malasia, Singapur e Indonesia.

1.5. Cómo moverse por Tailandia

Una vez que llegues a Tailandia, tendrás varias opciones para moverte por el país. Aquí hay una descripción general de las opciones de transporte más populares en Tailandia:

1. Avión

Tailandia tiene un sistema de transporte aéreo bien desarrollado y hay muchos vuelos internos disponibles en todo el país. Si estás corto de tiempo y quieres maximizar la cantidad de lugares que puedes visitar en un período de tiempo limitado, volar puede ser la mejor opción. Las principales aerolíneas de Tailandia son Thai Airways, Bangkok Airways, AirAsia y Nok Air.

2. Autobús

Los autobuses son una opción popular para viajar dentro de Tailandia, especialmente si estás viajando a largas distancias. Hay muchas compañías de autobuses en Tailandia, desde servicios de lujo hasta opciones más económicas. Los autobuses también son una buena opción si quieres experimentar la vida local y conocer a gente nueva.

3. Tren

El sistema ferroviario de Tailandia es limitado, pero hay servicios disponibles entre las principales ciudades del país. Los trenes en Tailandia son generalmente más lentos que los autobuses, pero son más cómodos y ofrecen una experiencia de viaje más relajante. Los trenes nocturnos son una buena opción si quieres ahorrar tiempo y dinero en alojamiento.

4. Taxi

Los taxis son una forma conveniente de moverse por Tailandia, especialmente en las ciudades. Los taxis en Tailandia son generalmente baratos, pero es importante asegurarse de que el taxímetro esté encendido antes de entrar en el taxi para evitar ser estafado. También puedes negociar el precio con el conductor antes de comenzar el viaje.

5. Tuk-tuk

Los tuk-tuks son una forma popular de transporte en Tailandia, especialmente en las áreas urbanas. Estos vehículos motorizados de tres ruedas pueden ser divertidos de montar y son una buena opción para viajes cortos. Sin embargo, es importante negociar el precio con el conductor antes de comenzar el viaje, ya que a menudo tratarán de cobrar precios inflados a los turistas.

6. Moto

Las motocicletas son una forma popular de transporte en Tailandia, especialmente en las zonas rurales. Alquilar una moto puede ser una forma divertida y emocionante de explorar el país, pero es importante tener en cuenta que las carreteras pueden ser peligrosas y es importante tomar precauciones de seguridad. También es importante asegurarse de tener un permiso de conducir válido antes de alquilar una moto.

7. Bicicleta

Las bicicletas son una forma popular de transporte en Tailandia, especialmente en las áreas rurales. Alquilar una bicicleta puede ser una forma divertida y ecológica de explorar el país, pero es importante tener en cuenta que las carreteras pueden ser peligrosas y es importante tomar precauciones de seguridad.

8. Barco

Si estás interesado en explorar las islas de Tailandia, un barco puede ser la mejor opción. Hay muchos servicios de ferry y transbordadores que operan entre las islas y el continente, y también hay muchas opciones para alquilar un barco privado. Además, muchos de los principales lugares turísticos de Tailandia se pueden explorar mejor en barco, como la bahía de Phang Nga y los ríos de Chiang Mai.

1.6. Idioma

El idioma oficial de Tailandia es el tailandés, que se habla en todo el país. El tailandés es un idioma tonal y puede ser difícil de aprender para los hablantes de idiomas no tonales. Sin embargo, en las zonas turísticas, muchas personas hablan inglés y es posible comunicarse en inglés en la mayoría de los hoteles, restaurantes y tiendas.

Además del tailandés y el inglés, hay muchos otros idiomas hablados en Tailandia debido a su historia y su ubicación geográfica. En el norte de Tailandia, se habla el lenguaje Lanna, que es similar al tailandés pero con sus propias peculiaridades. En las zonas fronterizas con Laos, se habla el idioma laosiano, mientras que en las zonas fronterizas con Camboya, se habla el idioma khmer. En las zonas fronterizas con Malasia, se habla el idioma malayo.

Si bien no es necesario aprender tailandés para viajar a Tailandia, aprender algunas frases básicas puede ser útil. Los tailandeses aprecian mucho que los visitantes intenten hablar su idioma y es una buena manera de mostrar respeto por la cultura local. Algunas frases básicas incluyen "sawadee kha" (hola), "khop khun kha" (gracias) y "laew phop gan mai?" (¿cuánto cuesta?).

1.7. Moneda y cambio de divisas

La moneda oficial de Tailandia es el baht tailandés (THB). Un baht se divide en 100 satangs. Los billetes de bahts están disponibles en denominaciones de 20, 50, 100, 500 y 1,000 bahts, mientras que las monedas están disponibles en denominaciones de 1, 2, 5 y 10 bahts, así como en 25 y 50 satangs.

Es importante saber que la mayoría de los comerciantes y vendedores en Tailandia solo aceptan efectivo, por lo que es importante asegurarse de tener suficiente dinero en efectivo durante tu viaje. Además, es importante tener en cuenta que los billetes de bahts antiguos pueden no ser aceptados en algunos lugares, por lo que es mejor asegurarse de tener billetes nuevos y en buen estado.

Para cambiar divisas, hay muchos lugares en Tailandia que ofrecen este servicio, incluyendo bancos, oficinas de cambio y hoteles. Los bancos suelen ofrecer las mejores tasas de cambio, pero también suelen tener tarifas más altas y tiempos de espera más largos. Las oficinas de cambio y los hoteles suelen ofrecer tasas de cambio ligeramente más bajas, pero son más convenientes y tienen tiempos de espera más cortos.

Es importante tener en cuenta que algunas monedas pueden ser difíciles de cambiar en Tailandia, especialmente las monedas menos comunes. Además, es importante tener cuidado al cambiar divisas en lugares no oficiales, ya que pueden ofrecer tasas de cambio injustas o incluso intentar estafar a los turistas.

Para obtener la mejor tasa de cambio posible, es recomendable cambiar divisas en Tailandia en lugar de hacerlo en tu país de origen. Además, es importante verificar las tasas de cambio antes de cambiar divisas para asegurarte de que estás obteniendo la mejor oferta posible.

También es importante tener en cuenta que muchos cajeros automáticos en Tailandia cobran tarifas por retiros en efectivo, especialmente si estás utilizando una tarjeta de débito o crédito extranjera. Es importante verificar las tarifas de tu banco antes de viajar a Tailandia y asegurarte de tener suficiente dinero en efectivo durante tu viaje.

1.8. Presupuesto

Tailandia es un destino turístico asequible en comparación con muchos otros lugares del mundo. El costo de vida es relativamente bajo y los precios de alojamiento, comida, transporte y actividades turísticas son razonables.

El precio promedio de una comida en un restaurante local es de alrededor de 50-100 bahts (1,5-3 dólares estadounidenses), mientras que una comida en un restaurante de alta gama puede costar entre 500-1,000 bahts (15-30 dólares estadounidenses). El alojamiento es también asequible, con habitaciones de hotel disponibles por tan solo 500-1,000 bahts por noche (15-30 dólares estadounidenses).

El transporte en Tailandia es también razonablemente asequible. Los taxis son relativamente baratos, con una tarifa promedio de alrededor de 200-300 bahts (6-9 dólares estadounidenses) por viaje. Los tuk-tuks y los autobuses también son opciones populares y asequibles para moverse por el país.

Las actividades turísticas en Tailandia varían en precio, pero en general son asequibles en comparación con muchos otros destinos turísticos. Las excursiones de un día y las actividades al aire libre, como el senderismo y el ciclismo, suelen costar entre 500-1,500 bahts (15-45 dólares estadounidenses), mientras que las visitas a atracciones populares, como templos y parques nacionales, suelen costar alrededor de 50-100 bahts (1,5-3 dólares estadounidenses) por persona.

Para aquellos que deseen ahorrar dinero mientras viajan por Tailandia, hay muchas opciones disponibles. Es posible encontrar alojamiento barato en hostales y hoteles económicos, y también es posible encontrar comida barata en los mercados y puestos de comida callejera. Además, es posible ahorrar dinero en transporte utilizando opciones más económicas, como los autobuses y los trenes.

Sin embargo, es importante tener en cuenta que los precios pueden variar dependiendo de la temporada y la ubicación. Durante la temporada alta de turismo, los precios pueden ser más altos y es posible que sea más difícil encontrar alojamiento y actividades disponibles. Además, en las zonas turísticas más populares, los precios pueden ser más altos que en otras partes del país.

1.9. Tailandia en la cultura popular

La cultura tailandesa ha tenido un gran impacto en la cultura popular en todo el mundo. Desde la comida tailandesa hasta las artes marciales, Tailandia ha dejado su huella en la cultura global.

La comida tailandesa es conocida en todo el mundo por su sabor picante y su variedad de sabores. Los platos tailandeses más populares incluyen el Pad Thai, el curry verde y el curry rojo. Muchos chefs de todo el mundo han incorporado la cocina tailandesa en sus menús, y la comida tailandesa se ha vuelto cada vez más popular en las grandes ciudades del mundo.

El Muay Thai, también conocido como boxeo tailandés, es un deporte de contacto que se ha vuelto cada vez más popular en todo el mundo. El Muay Thai se ha convertido en una disciplina popular en las artes marciales mixtas y muchos luchadores de Muay Thai han tenido éxito en las competiciones de artes marciales mixtas. Tailandia es también el hogar del famoso Templo del Tigre, donde los visitantes pueden interactuar con tigres en cautiverio.

La música tailandesa también ha tenido un impacto en la cultura popular en todo el mundo. La música tailandesa tradicional incluye instrumentos de cuerda como la khim y la ranat ek, así como instrumentos de viento como la flauta khlui. La música pop tailandesa ha ganado popularidad en la región, y muchos artistas tailandeses han logrado el éxito internacional.

Además, Tailandia ha sido un lugar popular para la filmación de películas y series de televisión. La playa de Maya Bay en la isla de Phi Phi fue el escenario de la película "The Beach" protagonizada por Leonardo DiCaprio. El Templo del Amanecer en Bangkok fue el escenario de la película de James Bond "El hombre de la pistola de oro". También ha habido varias series de televisión y películas que se han filmado en Tailandia, como "Hangover 2" y "Bridget Jones's Baby".

En la literatura, Tailandia ha sido el telón de fondo de varias novelas famosas, como "The Beach" de Alex Garland y "The Windup Girl" de Paolo Bacigalupi. Además, muchos autores tailandeses han logrado el éxito en todo el mundo, como Pramoedya Ananta Toer y Prabda Yoon.

La moda tailandesa también ha ganado popularidad en todo el mundo. La moda tailandesa incluye ropa tradicional tailandesa, como el traje nacional tailandés conocido como el chut thai, así como ropa moderna y de vanguardia. Muchos diseñadores tailandeses han logrado el éxito en la industria de la moda internacional, y la moda tailandesa se ha vuelto cada vez más popular en todo el mundo.

2. Principales lugares turísticos

Tailandia es un destino turístico popular en el sudeste asiático debido a su rica cultura, hermosas playas y templos impresionantes. Desde la vibrante ciudad de Bangkok hasta las islas paradisíacas del sur, Tailandia ofrece algo para todos los gustos. En este capítulo, exploraremos algunos de los principales lugares turísticos de Tailandia, desde los templos antiguos hasta las playas de arena blanca y los mercados flotantes pintorescos.

2.1. Bangkok

Bangkok, la capital de Tailandia, es una ciudad vibrante y emocionante que ofrece una amplia gama de experiencias culturales y turísticas. La ciudad es el hogar de algunos de los templos más impresionantes de Tailandia, así como de una animada vida nocturna y una excelente gastronomía.

- Templos: Bangkok es el hogar de algunos de los templos más impresionantes de Tailandia. El templo más famoso de la ciudad es el Templo del Buda de Esmeralda, o Wat Phra Kaew, que se encuentra en el complejo del Gran Palacio. Otros templos famosos incluyen Wat Arun, o el Templo del Amanecer, y Wat Pho, que es conocido por su enorme estatua de Buda reclinado.

- Gran Palacio: El Gran Palacio es uno de los lugares más visitados de Bangkok. El palacio fue construido en 1782 y sirvió como residencia oficial de los reyes de Tailandia durante 150 años. El complejo del Gran Palacio también incluye el Templo del Buda de Esmeralda.
- Mercados: Bangkok es conocida por sus mercados vibrantes y coloridos. El mercado flotante de Damnoen Saduak es uno de los más famosos, y ofrece a los visitantes la oportunidad de comprar productos frescos y artesanías locales mientras se desplazan en botes por los canales. Otros mercados populares incluyen el Mercado Nocturno de Patpong y el Mercado de Chatuchak, que es uno de los mercados más grandes del mundo.
- Vida nocturna: Bangkok es conocida por su vida nocturna vibrante y emocionante. La calle Khao San es uno de los lugares más populares para salir de noche, con una gran cantidad de bares, clubes y restaurantes. Otras áreas populares incluyen Silom y Sukhumvit, que ofrecen una amplia gama de opciones de vida nocturna.
- Comida: Bangkok es conocida por su excelente gastronomía, que incluye platos picantes y sabrosos como el Pad Thai y el curry verde. Los visitantes pueden disfrutar de la comida callejera en los mercados y puestos de comida en toda la ciudad, o disfrutar de una cena elegante en uno de los muchos restaurantes de alta gama.

2.2. Chiang Mai

Chiang Mai es una ciudad en el norte de Tailandia que es conocida por su rica cultura y su belleza natural. La ciudad es un destino popular para los turistas que buscan experimentar la vida local y explorar los templos antiguos y los paisajes impresionantes.

- Templos: Al igual que Bangkok, Chiang Mai es el hogar de muchos templos impresionantes. El templo más famoso de la ciudad es el Templo de la Montaña, o Wat Phra That Doi Suthep, que se encuentra en una colina con vistas a la ciudad. Otros templos populares incluyen el Templo de los Tres Reyes, o Wat Chedi Luang, y el Templo de Plata, o Wat Sri Suphan.
- Mercados: Chiang Mai es conocida por sus mercados nocturnos y diurnos. El mercado nocturno de Chiang Mai es uno de los más populares, y ofrece una amplia gama de productos, desde ropa hasta artesanías y comida callejera. Otros mercados

- populares incluyen el Mercado de la Puerta de Tha Phae y el Mercado de los Sábados de Wualai.
- Vida nocturna: Aunque no es tan vibrante como la de Bangkok, la vida nocturna en Chiang Mai ofrece una amplia gama de opciones. La calle Nimmanhaemin es una zona popular para salir de noche, con muchos bares, restaurantes y cafeterías. Otras áreas populares incluyen el casco antiguo y la calle Loi Kroh, que ofrece una amplia gama de opciones de entretenimiento.
- Comida: La comida en Chiang Mai es conocida por ser picante y sabrosa. Los platos más populares incluyen el Khao Soi, un plato de fideos con curry de coco, y el Pad Thai, un plato de fideos fritos con verduras y carne. Los visitantes pueden disfrutar de la comida callejera en los mercados y puestos de comida en toda la ciudad, o disfrutar de una cena elegante en uno de los muchos restaurantes de alta gama.
- Naturaleza: Chiang Mai es conocida por su belleza natural y ofrece muchas oportunidades para explorar la naturaleza. El Parque Nacional de Doi Inthanon es un destino popular para los amantes de la naturaleza y ofrece vistas impresionantes de la montaña más alta de Tailandia. Además, hay muchas oportunidades para hacer senderismo, pasear en bicicleta y hacer rafting en los ríos cercanos.
- Cultura: Chiang Mai es conocida por su rica cultura y ofrece muchas oportunidades para experimentar la vida local. El Festival de las Linternas de Yi Peng es uno de los eventos más populares en Chiang Mai y atrae a miles de visitantes cada año. Además, muchos de los templos de la ciudad ofrecen clases de meditación y talleres de arte tradicional tailandés.
- Masajes: Chiang Mai es conocida por sus masajes tradicionales tailandeses. Hay muchos spas y salones de masajes en toda la ciudad, que ofrecen una amplia gama de tratamientos, desde masajes de pies hasta masajes de cuerpo completo. Los masajes son una excelente manera de relajarse después de un día explorando la ciudad.

2.3. Phuket

Phuket es la isla más grande de Tailandia y uno de los destinos turísticos más populares en el país. La isla es conocida por sus playas de arena blanca, aguas cristalinas y una amplia gama de actividades turísticas.

- Playas: Phuket es conocida por sus hermosas playas, que atraen a miles de turistas cada año. Algunas de las playas más populares incluyen la playa de Patong, que es la playa más grande y concurrida de la isla, y la playa de Karon, que es más tranquila y relajada. Otras playas populares incluyen la playa de Kata, que es conocida por sus impresionantes vistas al mar, y la playa de Kamala, que es más tranquila y menos turística.
- Vida nocturna: Phuket es conocida por su vida nocturna vibrante y emocionante. La playa de Patong es el lugar más popular para salir de noche, con una gran cantidad de bares, clubes y restaurantes. Otras áreas populares incluyen la playa de Bangla Road y la playa de Kata.
- Actividades turísticas: Phuket ofrece una amplia gama de actividades turísticas para los visitantes. La isla es un destino popular para el buceo y el snorkel, con muchos sitios de buceo impresionantes y una gran cantidad de vida marina. Otras actividades populares incluyen la visita a templos y lugares históricos, como el Gran Buda de Phuket y el Templo Chalong. Además, muchos visitantes disfrutan de actividades al aire libre, como el senderismo y la exploración de la isla en moto o en bicicleta.
- Comida: La comida en Phuket es conocida por ser picante y sabrosa. Los platos más populares incluyen el Pad Thai, el curry verde y el curry rojo. Los visitantes pueden disfrutar de la comida callejera en los mercados y puestos de comida en toda la isla, o disfrutar de una cena elegante en uno de los muchos restaurantes de alta gama.
- Cultura: Phuket es conocida por su rica cultura y su historia fascinante. Los visitantes pueden explorar la ciudad histórica de Phuket, que es el hogar de muchos edificios antiguos y monumentos históricos. Además, muchos de los templos de la isla ofrecen clases de meditación y talleres de arte tradicional tailandés.
- Masajes: Phuket es conocida por sus masajes tradicionales tailandeses. Hay muchos spas y salones de masajes en toda la isla, que ofrecen una amplia gama de tratamientos, desde masajes de pies hasta masajes de cuerpo completo. Los masajes son una excelente manera de relajarse después de un día explorando la isla.

2.4. Krabi

Krabi es una provincia en el sur de Tailandia que es conocida por sus impresionantes paisajes naturales y sus hermosas playas. La provincia es un destino popular para los turistas que buscan experimentar la belleza natural de Tailandia y disfrutar de una amplia gama de actividades al aire libre.

- Playas: Krabi es conocida por sus hermosas playas de arena blanca y aguas cristalinas. La playa más famosa de la provincia es la playa de Railay, que es conocida por sus impresionantes formaciones rocosas y su ambiente relajado. Otras playas populares incluyen la playa de Ao Nang, que es una de las playas más grandes de la provincia y ofrece una amplia gama de actividades turísticas, y la playa de Klong Muang, que es más tranquila y relajada.
- Islas: Krabi es el hogar de muchas islas impresionantes, que ofrecen paisajes naturales impresionantes y una amplia gama de actividades turísticas. Las islas Phi Phi son las más famosas, y ofrecen hermosas playas, excelentes oportunidades de buceo y snorkel, y una vibrante vida nocturna. Otras islas populares incluyen la isla de Koh Lanta, que es conocida por sus hermosas playas y su ambiente relajado, y la isla de Koh Jum, que es menos turística y más tranquila.
- Naturaleza: Krabi es conocida por sus impresionantes paisajes naturales, que incluyen montañas, selvas y cascadas. El Parque Nacional de Khao Phanom Bencha es un destino popular para los amantes de la naturaleza, y ofrece oportunidades para hacer senderismo y disfrutar de las hermosas vistas panorámicas. Además, hay muchas oportunidades para hacer kayak en los ríos y en los manglares cercanos.
- Templos: Krabi es el hogar de muchos templos impresionantes, que ofrecen una visión única de la cultura local. El templo más famoso de la provincia es el Templo de la Cueva del Tigre, que se encuentra en una cueva en lo alto de una montaña y ofrece impresionantes vistas panorámicas de la provincia. Otros templos populares incluyen el Templo de la Montaña del Mono, que es conocido por sus macacos, y el Templo de la Cueva del Diamante, que es conocido por sus hermosas estalactitas y estalagmitas.
- Vida nocturna: Aunque no es tan vibrante como la de Bangkok o Phuket, la vida nocturna en Krabi ofrece una amplia gama de opciones. La playa de Ao Nang es el lugar más popular para salir de noche, con una gran cantidad de bares, clubes y restaurantes. Otras áreas populares incluyen la playa de Railay y la ciudad de Krabi, que ofrece una amplia gama de opciones de entretenimiento.

- Comida: La comida en Krabi es conocida por ser picante y sabrosa, con una amplia gama de platos tradicionales tailandeses y mariscos frescos. Los visitantes pueden disfrutar de la comida callejera en los mercados y puestos de comida en toda la provincia, o disfrutar de una cena elegante en uno de los muchos restaurantes de alta gama.
- Cultura: Krabi es conocida por su rica cultura y su historia fascinante. Los visitantes pueden explorar la ciudad de Krabi, que es el hogar de muchos edificios antiguos y monumentos históricos. Además, muchos de los templos de la provincia ofrecen clases de meditación y talleres de arte tradicional tailandés.
- Masajes: Krabi es conocida por sus masajes tradicionales tailandeses. Hay muchos spas y salones de masajes en toda la provincia, que ofrecen una amplia gama de tratamientos, desde masajes de pies hasta masajes de cuerpo completo. Los masajes son una excelente manera de relajarse después de un día explorando la belleza natural de la provincia.

2.5. Ayutthaya

Ayutthaya es una ciudad histórica ubicada en el centro de Tailandia, a unos 80 km al norte de Bangkok. La ciudad fue fundada en 1350 y fue la capital del Reino de Ayutthaya hasta que fue saqueada por el ejército birmano en 1767. Hoy en día, Ayutthaya es un importante destino turístico que atrae a visitantes de todo el mundo.

La ciudad de Ayutthaya es conocida por sus impresionantes templos y monumentos históricos. El Parque Histórico de Ayutthaya es un sitio del Patrimonio Mundial de la UNESCO que contiene muchos de los templos y monumentos más importantes de la ciudad. Algunos de los templos más populares incluyen el Templo del Buda de Oro, o Wat Phra Sri Sanphet, que es conocido por sus tres grandes estupas doradas, y el Templo de la Montaña de la Cabeza de Elefante, o Wat Chaiwatthanaram, que ofrece hermosas vistas del río.

Además de los templos, Ayutthaya también es conocida por sus mercados y tiendas de artesanías. El Mercado de Ayutthaya es uno de los más grandes de la ciudad, y ofrece una amplia gama de productos, desde ropa hasta artesanías y alimentos locales. Los visitantes también pueden disfrutar de una amplia gama de alimentos locales en los puestos de comida en toda la ciudad.

Los visitantes también pueden disfrutar de actividades al aire libre en Ayutthaya, como paseos en bicicleta y paseos en barco por el río. Además, la ciudad es un destino popular para la observación de aves, con muchas especies raras que se pueden ver en los parques y reservas naturales cercanos.

2.6. Sukhothai

Sukhothai es una ciudad histórica ubicada en el norte de Tailandia. Fue la capital del Reino de Sukhothai desde el siglo XIII hasta el siglo XV, y es conocida por sus impresionantes templos y monumentos históricos. El Parque Histórico de Sukhothai es un sitio del Patrimonio Mundial de la UNESCO que contiene muchos de los templos y monumentos más importantes de la ciudad.

El Parque Histórico de Sukhothai se divide en tres zonas: la zona central, la zona norte y la zona oeste. La zona central es la más grande y contiene muchos de los templos más importantes de la ciudad. Algunos de los templos más populares incluyen el Templo de la Montaña de Oro, o Wat Sri Chum, que es conocido por su enorme estatua de Buda, y el Templo de la Montaña de la Rosa, o Wat Sa Si, que ofrece hermosas vistas del lago cercano.

La zona norte del parque es más pequeña y contiene algunos de los templos más antiguos de la ciudad. Algunos de los templos más populares incluyen el Templo del Loto Blanco, o Wat Phra Phai Luang, que es conocido por sus hermosas estatuas de Buda, y el Templo del Loto Rojo, o Wat Chang Lom, que ofrece hermosas vistas del paisaje circundante.

La zona oeste del parque es la más pequeña y contiene algunos de los templos menos visitados de la ciudad. Algunos de los templos más populares incluyen el Templo de la Montaña de los Elefantes, o Wat Phra That Cho Hae, que es conocido por sus hermosas vistas del río cercano, y el Templo del Loto Dorado, o Wat Chedi Ngam, que es conocido por sus hermosas estatuas de Buda.

Además de los templos, Sukhothai también es conocida por sus mercados y tiendas de artesanías. El Mercado de Sukhothai es uno de los más grandes de la ciudad, y ofrece una amplia gama de productos, desde ropa hasta artesanías y alimentos locales. Los visitantes también pueden disfrutar de una amplia gama de alimentos locales en los puestos de comida en toda la ciudad.

Los visitantes también pueden disfrutar de actividades al aire libre en Sukhothai, como paseos en bicicleta y paseos en barco por el río. Además, la ciudad es un destino popular para la observación de aves, con muchas especies raras que se pueden ver en los parques y reservas naturales cercanos.

2.7. Chiang Rai

Chiang Rai es una ciudad ubicada en el norte de Tailandia, cerca de la frontera con Laos y Myanmar. La ciudad es conocida por sus impresionantes paisajes naturales y su rica cultura, y es un destino popular para los turistas que buscan experimentar la belleza y la autenticidad de Tailandia.

- Templos: Chiang Rai es el hogar de muchos templos impresionantes, que ofrecen una visión única de la cultura local. El Templo Blanco, o Wat Rong Khun, es uno de los templos más famosos de la ciudad y es conocido por su arquitectura única y sus hermosas esculturas de Buda. Otros templos populares incluyen el Templo Azul, o Wat Rong Suea Ten, y el Templo del Elefante, o Wat Phra That Doi Chom Thong.
- Mercados: Chiang Rai es conocida por sus mercados vibrantes y coloridos. El Mercado Nocturno de Chiang Rai es uno de los más populares, y ofrece una amplia gama de productos, desde ropa hasta artesanías y comida callejera. Otros mercados populares incluyen el Mercado del Sábado de Chiang Rai y el Mercado del Domingo de Chiang Rai.
- Vida nocturna: Aunque no es tan vibrante como la de Bangkok o Phuket, la vida nocturna en Chiang Rai ofrece una amplia gama de opciones. La calle Jetyod es una zona popular para salir de noche, con muchos bares, restaurantes y cafeterías. Otras áreas populares incluyen la calle Tha Nam y la calle Wiang.
- Comida: La comida en Chiang Rai es conocida por ser picante y sabrosa, con una amplia gama de platos tradicionales tailandeses y comida de la tribu local. Los platos más populares incluyen el Khao Soi, un plato de fideos con curry de coco y carne, y el Laap, una ensalada picante de carne. Los visitantes pueden disfrutar de la comida callejera en los mercados y puestos de comida en toda la ciudad, o disfrutar de una cena elegante en uno de los muchos restaurantes de alta gama.
- Naturaleza: Chiang Rai es conocida por sus impresionantes paisajes naturales, que incluyen montañas, selvas y cascadas. El Parque Nacional de Doi Tung es un destino popular para los

amantes de la naturaleza y ofrece impresionantes vistas panorámicas de la ciudad y los alrededores. Además, hay muchas oportunidades para hacer senderismo, pasear en bicicleta y hacer rafting en los ríos cercanos.
- Cultura: Chiang Rai es conocida por su rica cultura y su historia fascinante. Los visitantes pueden explorar el Museo de la Cultura de Chiang Rai, que ofrece una visión única de la historia y la cultura de la ciudad. Además, muchos de los templos de la ciudad ofrecen clases de meditación y talleres de arte tradicional tailandés.
- Masajes: Chiang Rai es conocida por sus masajes tradicionales tailandeses. Hay muchos spas y salones de masajes en toda la ciudad, que ofrecen una amplia gama de tratamientos, desde masajes de pies hasta masajes de cuerpo completo. Los masajes son una excelente manera de relajarse después de un día explorando la belleza natural y la cultura de la ciudad.

2.8. Kanchanaburi

Kanchanaburi es una provincia ubicada en el oeste de Tailandia, cerca de la frontera con Myanmar. La provincia es conocida por sus impresionantes paisajes naturales y su rica historia, y es un destino popular para los turistas que buscan experimentar la belleza y la autenticidad de Tailandia.

- Parques Nacionales: Kanchanaburi es el hogar de muchos parques nacionales impresionantes, que ofrecen una amplia gama de actividades al aire libre. El Parque Nacional de Erawan es uno de los más populares, y es conocido por sus hermosas cascadas y piscinas naturales. Además, el Parque Nacional de Sai Yok es un destino popular para los amantes de la naturaleza, y ofrece oportunidades para hacer senderismo y admirar las cataratas de Sai Yok Noi y Sai Yok Yai.
- El Puente sobre el Río Kwai: Kanchanaburi es famoso por el Puente sobre el Río Kwai, que fue construido durante la Segunda Guerra Mundial por prisioneros de guerra aliados y trabajadores asiáticos. Hoy en día, el puente es un sitio turístico popular que atrae a visitantes de todo el mundo. Los visitantes pueden caminar sobre el puente y visitar el Museo de la Guerra de JEATH, que ofrece una visión única de la historia de la construcción del puente.
- Templos: Kanchanaburi es el hogar de muchos templos impresionantes, que ofrecen una visión única de la cultura local. El Templo de la Cueva de los Tigres es uno de los templos más

famosos de la provincia y es conocido por su ubicación en una cueva y sus hermosas vistas del río cercano. Otros templos populares incluyen el Templo de la Cueva de la Serpiente, o Wat Tham Sua, y el Templo de la Cueva de la Montaña, o Wat Tham Khao Noi.

- Actividades turísticas: Kanchanaburi ofrece una amplia gama de actividades turísticas para los visitantes. Los visitantes pueden disfrutar de un paseo en barco por el río Kwai, visitar el Mercado Flotante de Amphawa, o explorar las cuevas y los templos en bicicleta. Además, muchos visitantes disfrutan de actividades al aire libre, como el senderismo, la exploración de la selva y la observación de aves.
- Comida: La comida en Kanchanaburi es conocida por ser picante y sabrosa, con una amplia gama de platos tradicionales tailandeses y mariscos frescos. Los platos más populares incluyen el Khao Soi, un plato de fideos con curry de coco y carne, y el Laap, una ensalada picante de carne. Los visitantes pueden disfrutar de la comida callejera en los mercados y puestos de comida en toda la provincia, o disfrutar de una cena elegante en uno de los muchos restaurantes de alta gama.
- Cultura: Kanchanaburi es conocida por su rica cultura y su historia fascinante. Los visitantes pueden explorar el Museo de la Guerra de JEATH, que ofrece una visión única de la historia de la construcción del Puente sobre el Río Kwai. Además, muchos de los templos de la provincia ofrecen clases de meditación y talleres de arte tradicional tailandés.
- Masajes: Kanchanaburi es conocida por sus masajes tradicionales tailandeses. Hay muchos spas y salones de masajes en toda la provincia, que ofrecen una amplia gama de tratamientos, desde masajes de pies hasta masajes de cuerpo completo. Los masajes son una excelente manera de relajarse después de un día explorando la belleza natural y la cultura de la provincia.

2.9. Pattaya

Pattaya es una ciudad costera ubicada en el este de Tailandia, a unas dos horas en coche de Bangkok. La ciudad es conocida por sus playas de arena blanca, sus vibrantes vida nocturna y su amplia gama de actividades turísticas.

- Playas: Pattaya es conocida por sus hermosas playas de arena blanca y aguas cristalinas. La playa más famosa de la ciudad es la playa de Pattaya, que es conocida por sus vibrantes

- chiringuitos y su ambiente animado. Otras playas populares incluyen la playa de Jomtien, que es más tranquila y relajada, y la playa de Naklua, que es conocida por sus hermosos acantilados y formaciones rocosas.
- Islas: Pattaya es el hogar de muchas islas impresionantes, que ofrecen paisajes naturales impresionantes y una amplia gama de actividades turísticas. Las islas más famosas son las Islas de Coral, que ofrecen excelentes oportunidades de buceo y snorkel, y la Isla de Koh Larn, que es conocida por sus hermosas playas y su ambiente relajado.
- Vida nocturna: Pattaya es conocida por su vibrante vida nocturna, que ofrece una amplia gama de opciones para los visitantes. La calle Walking Street es el lugar más popular para salir de noche, con una gran cantidad de bares, clubes y restaurantes. Otras áreas populares incluyen la calle Soi Buakhao y la calle Pattaya Beach.
- Actividades turísticas: Pattaya ofrece una amplia gama de actividades turísticas para los visitantes. Los visitantes pueden disfrutar de un paseo en barco por las islas cercanas, visitar el Santuario de la Verdad, o explorar el Parque de Aves de Pattaya. Además, muchos visitantes disfrutan de actividades al aire libre, como el senderismo, la exploración de la selva y la observación de aves.
- Comida: La comida en Pattaya es conocida por ser picante y sabrosa, con una amplia gama de platos tradicionales tailandeses y mariscos frescos. Los platos más populares incluyen el Pad Thai, un plato de fideos con verduras y carne, y el Tom Yum, una sopa picante de marisco. Los visitantes pueden disfrutar de la comida callejera en los mercados y puestos de comida en toda la ciudad, o disfrutar de una cena elegante en uno de los muchos restaurantes de alta gama.
- Cultura: Aunque no es conocida por su cultura, Pattaya ofrece algunas oportunidades para explorar la vida local tailandesa. Los visitantes pueden visitar el Templo de la Verdad, que es un templo de madera tallada a mano que representa la cultura y la religión tailandesas. Además, muchos de los templos de la ciudad ofrecen clases de meditación y talleres de arte tradicional tailandés.
- Masajes: Pattaya es conocida por sus masajes tradicionales tailandeses. Hay muchos spas y salones de masajes en toda la ciudad, que ofrecen una amplia gama de tratamientos, desde masajes de pies hasta masajes de cuerpo completo. Los masajes son una excelente manera de relajarse después de un día explorando la ciudad y sus alrededores.

2.10. Koh Samui

Koh Samui es una hermosa isla ubicada en el Golfo de Tailandia, en la costa este del país. La isla es conocida por sus playas de arena blanca, su clima tropical y su ambiente relajado, lo que la convierte en un destino turístico popular para aquellos que buscan escapar del estrés de la vida cotidiana.

- Playas: Koh Samui es conocida por sus hermosas playas de arena blanca y aguas cristalinas. La playa más famosa de la isla es la playa de Chaweng, que es conocida por su ambiente animado y sus vibrantes chiringuitos. Otras playas populares incluyen la playa de Lamai, que es más tranquila y relajada, y la playa de Bophut, que es conocida por sus hermosas vistas del mar y su ambiente bohemio.
- Actividades acuáticas: Koh Samui es un paraíso para los amantes de las actividades acuáticas, con muchas oportunidades para hacer snorkel, buceo, surf y paddleboarding. Los visitantes pueden explorar los arrecifes de coral cercanos, nadar con tiburones y rayas, y disfrutar de la belleza natural del océano.
- Templos: Koh Samui es el hogar de muchos templos impresionantes, que ofrecen una visión única de la cultura local. El Templo de la Gran Madre, o Wat Phra Yai, es uno de los templos más famosos de la isla y es conocido por su enorme estatua de Buda. Otros templos populares incluyen el Templo del Gran Buda, o Wat Plai Laem, y el Templo del Cielo, o Wat Sila Ngu.
- Naturaleza: Koh Samui es conocida por su belleza natural, que incluye montañas, selvas y cascadas impresionantes. El Parque Nacional Marino de Ang Thong es un destino popular para los amantes de la naturaleza, y ofrece impresionantes vistas panorámicas de la isla y los alrededores. Además, hay muchas oportunidades para hacer senderismo, pasear en bicicleta y hacer rafting en los ríos cercanos.
- Masajes: Koh Samui es conocida por sus masajes tradicionales tailandeses. Hay muchos spas y salones de masajes en toda la isla, que ofrecen una amplia gama de tratamientos, desde masajes de pies hasta masajes de cuerpo completo. Los masajes son una excelente manera de relajarse después de un día explorando la belleza natural y la cultura de la isla.
- Comida: La comida en Koh Samui es conocida por ser picante y sabrosa, con una amplia gama de platos tradicionales tailandeses y mariscos frescos. Los platos más populares

incluyen el Pad Thai, un plato de fideos con verduras y carne, y el Tom Yum, una sopa picante de marisco. Los visitantes pueden disfrutar de la comida callejera en los mercados y puestos de comida en toda la isla, o disfrutar de una cena elegante en uno de los muchos restaurantes de alta gama.
- Vida nocturna: Aunque no es tan vibrante como la de Bangkok o Phuket, la vida nocturna en Koh Samui ofrece una amplia gama de opciones. La calle Chaweng es el lugar más popular para salir de noche, con una gran cantidad de bares, clubes y restaurantes. Otras áreas populares incluyen la playa de Lamai y la playa de Bophut.

2.11. Koh Phi Phi

Koh Phi Phi es un archipiélago ubicado en la costa oeste de Tailandia, en la provincia de Krabi. Compuesto por dos islas principales, Koh Phi Phi Don y Koh Phi Phi Leh, es uno de los destinos turísticos más populares del país y es conocido por su belleza natural impresionante y su ambiente relajado.

- Playas: Koh Phi Phi es conocida por sus hermosas playas de arena blanca y aguas cristalinas. La playa más famosa de la isla es la playa de Maya Bay, que se hizo famosa por la película "La Playa" protagonizada por Leonardo DiCaprio. Sin embargo, la playa está actualmente cerrada al público para restaurar su belleza natural. Otras playas populares incluyen la playa de Long Beach, que es más tranquila y relajada, y la playa de Loh Dalum, que es conocida por sus vibrantes chiringuitos y su ambiente animado.
- Actividades acuáticas: Koh Phi Phi es un paraíso para los amantes de las actividades acuáticas, con muchas oportunidades para hacer snorkel, buceo, surf y paddleboarding. Los visitantes pueden explorar los arrecifes de coral cercanos, nadar con tiburones y rayas, y disfrutar de la belleza natural del océano.
- Islas: Koh Phi Phi es el hogar de muchas islas impresionantes, que ofrecen paisajes naturales impresionantes y una amplia gama de actividades turísticas. Las islas más famosas son Phi Phi Leh, que es conocida por sus hermosas playas y lagunas cristalinas, y Bamboo Island, que es conocida por sus hermosos arrecifes de coral y su ambiente relajado.
- Vida nocturna: Aunque no es tan vibrante como la de Bangkok o Phuket, la vida nocturna en Koh Phi Phi ofrece una amplia gama de opciones. La calle Tonsai es el lugar más popular para salir de noche, con una gran cantidad de bares, clubes y

restaurantes. Otras áreas populares incluyen la playa de Loh Dalum y la playa de Long Beach.
- Comida: La comida en Koh Phi Phi es conocida por ser picante y sabrosa, con una amplia gama de platos tradicionales tailandeses y mariscos frescos. Los platos más populares incluyen el Pad Thai, un plato de fideos con verduras y carne, y el Tom Yum, una sopa picante de marisco. Los visitantes pueden disfrutar de la comida callejera en los mercados y puestos de comida en toda la isla, o disfrutar de una cena elegante en uno de los muchos restaurantes de alta gama.
- Naturaleza: Koh Phi Phi es conocida por su belleza natural, que incluye montañas, selvas y cascadas impresionantes. Los visitantes pueden explorar la isla en bicicleta o a pie, y disfrutar de las vistas panorámicas de la isla y los alrededores. Además, hay muchas oportunidades para hacer senderismo, pasear en bicicleta y hacer rafting en los ríos cercanos.
- Masajes: Koh Phi Phi es conocida por sus masajes tradicionales tailandeses. Hay muchos spas y salones de masajes en toda la isla, que ofrecen una amplia gama de tratamientos, desde masajes de pies hasta masajes de cuerpo completo. Los masajes son una excelente manera de relajarse después de un día explorando la belleza natural y la cultura de la isla.
- Cultura: Aunque no es conocida por su cultura, Koh Phi Phi ofrece algunas oportunidades para explorar la vida local tailandesa. Los visitantes pueden visitar el Templo de la Cueva de los Murciélagos, que es un templo ubicado en una cueva y ofrece impresionantes vistas del mar. Además, muchos de los templos de la isla ofrecen clases de meditación y talleres de arte tradicional tailandés.

2.12. Koh Tao

Koh Tao es una isla ubicada en el golfo de Tailandia, al norte de Koh Samui y al este de la península de Chumphon. Es el destino perfecto para aquellos que buscan escapar de las multitudes y relajarse en un ambiente tranquilo y relajado.

- Playas: Koh Tao es conocida por sus hermosas playas de arena blanca y aguas cristalinas. La playa más famosa de la isla es la playa de Sairee, que es conocida por sus vibrantes chiringuitos y su ambiente animado. Otras playas populares incluyen la playa de Chalok Baan Kao, que es más tranquila y relajada, y la playa de Tanote Bay, que es conocida por sus excelentes oportunidades de buceo.

- Actividades acuáticas: Koh Tao es uno de los mejores lugares del mundo para hacer buceo y snorkel. Los visitantes pueden explorar los arrecifes de coral cercanos y nadar con tiburones y tortugas marinas. Además, hay muchas oportunidades para hacer kayak, paddleboarding y windsurfing.
- Buceo: Koh Tao es uno de los destinos de buceo más populares del mundo, con una amplia gama de cursos y excursiones disponibles para todos los niveles de experiencia. Los visitantes pueden explorar los arrecifes de coral cercanos y ver una amplia variedad de vida marina, desde coloridos peces tropicales hasta tiburones ballena.
- Vida nocturna: Aunque no es tan vibrante como la de Bangkok o Phuket, la vida nocturna en Koh Tao ofrece una amplia gama de opciones. La calle Sairee es el lugar más popular para salir de noche, con una gran cantidad de bares, clubes y restaurantes. Otras áreas populares incluyen la playa de Chalok Baan Kao y la playa de Mae Haad.
- Comida: La comida en Koh Tao es conocida por ser fresca y deliciosa, con una amplia gama de platos tradicionales tailandeses y mariscos frescos. Los platos más populares incluyen el Pad Thai, un plato de fideos con verduras y carne, y el Tom Yum, una sopa picante de marisco. Los visitantes pueden disfrutar de la comida callejera en los mercados y puestos de comida en toda la isla, o disfrutar de una cena elegante en uno de los muchos restaurantes de alta gama.
- Naturaleza: Koh Tao es conocida por su belleza natural, que incluye montañas, selvas y cascadas impresionantes. Los visitantes pueden explorar la isla en bicicleta o a pie, y disfrutar de las vistas panorámicas de la isla y los alrededores. Además, hay muchas oportunidades para hacer senderismo y visitar las cuevas cercanas.
- Masajes: Koh Tao es conocida por sus masajes tradicionales tailandeses. Hay muchos spas y salones de masajes en toda la isla, que ofrecen una amplia gama de tratamientos, desde masajes de pies hasta masajes de cuerpo completo. Los masajes son una excelente manera de relajarse después de un día explorando la belleza natural y la cultura de la isla.
- Cultura: Aunque no es conocida por su cultura, Koh Tao ofrece algunas oportunidades para explorar la vida local tailandesa. Los visitantes pueden visitar el Templo de Mae Nam, que es un templo budista ubicado en la parte norte de la isla. Además, muchos de los templos de la isla ofrecen clases de meditación y talleres de arte tradicional tailandés.

2.13. Koh Lanta

Koh Lanta es una isla ubicada en la costa oeste de Tailandia, en la provincia de Krabi. La isla es conocida por sus playas de arena blanca, su clima tropical y su ambiente relajado, lo que la convierte en un destino turístico popular para aquellos que buscan escapar del estrés de la vida cotidiana.

- Playas: Koh Lanta es conocida por sus hermosas playas de arena blanca y aguas cristalinas. La playa más famosa de la isla es la playa de Long Beach, que es conocida por sus hermosas vistas del mar y su ambiente relajado. Otras playas populares incluyen la playa de Klong Dao, que es más animada y ofrece excelentes oportunidades para hacer deportes acuáticos, y la playa de Kantiang Bay, que es más tranquila y relajada.
- Actividades acuáticas: Koh Lanta es un paraíso para los amantes de las actividades acuáticas, con muchas oportunidades para hacer snorkel, buceo, surf y paddleboarding. Los visitantes pueden explorar los arrecifes de coral cercanos, nadar con tiburones y rayas, y disfrutar de la belleza natural del océano.
- Islas: Koh Lanta es el hogar de muchas islas impresionantes, que ofrecen paisajes naturales impresionantes y una amplia gama de actividades turísticas. Las islas más famosas son las Islas Phi Phi, que ofrecen excelentes oportunidades de buceo y snorkel, y la Isla de Koh Rok, que es conocida por sus impresionantes formaciones de coral y su ambiente relajado.
- Vida nocturna: Aunque no es tan vibrante como la de Bangkok o Phuket, la vida nocturna en Koh Lanta ofrece una amplia gama de opciones para los visitantes. La calle principal de Klong Khong es el lugar más popular para salir de noche, con una gran cantidad de bares, clubes y restaurantes. Otras áreas populares incluyen la playa de Long Beach y la playa de Kantiang Bay.
- Comida: La comida en Koh Lanta es conocida por ser fresca y deliciosa, con una amplia gama de platos tradicionales tailandeses y mariscos frescos. Los platos más populares incluyen el Pad Thai, un plato de fideos con verduras y carne, y el Tom Yum, una sopa picante de marisco. Los visitantes pueden disfrutar de la comida callejera en los mercados y puestos de comida en toda la isla, o disfrutar de una cena elegante en uno de los muchos restaurantes de alta gama.
- Naturaleza: Koh Lanta es conocida por su belleza natural, que incluye montañas, selvas y cascadas impresionantes. Los visitantes pueden explorar la isla en bicicleta o a pie, y disfrutar

- de las vistas panorámicas de la isla y los alrededores. Además, hay muchas oportunidades para hacer senderismo y visitar las cuevas cercanas.
- Masajes: Koh Lanta es conocida por sus masajes tradicionales tailandeses. Hay muchos spas y salones de masajes en toda la isla, que ofrecen una amplia gama de tratamientos, desde masajes de pies hasta masajes de cuerpo completo. Los masajes son una excelente manera de relajarse después de un día explorando la belleza natural y la cultura de la isla.
- Cultura: Aunque no es conocida por su cultura, Koh Lanta ofrece algunas oportunidades para explorar la vida local tailandesa. Los visitantes pueden visitar el Mercado de Saladan, que es un mercado local que ofrece una amplia variedad de productos frescos y artesanías tradicionales tailandesas. Además, muchos de los templos de la isla ofrecen clases de meditación y talleres de arte tradicional tailandés.

2.14. Hua Hin

Hua Hin es una ciudad costera ubicada en la costa oeste de Tailandia, en la provincia de Prachuap Khiri Khan. La ciudad es conocida por sus playas de arena blanca, su clima tropical y su ambiente relajado, lo que la convierte en un destino turístico popular para aquellos que buscan escapar del estrés de la vida cotidiana.

- Playas: Hua Hin es conocida por sus hermosas playas de arena blanca y aguas cristalinas. La playa más famosa de la ciudad es la playa de Hua Hin, que es conocida por sus vibrantes chiringuitos y su ambiente animado. Otras playas populares incluyen la playa de Khao Takiab, que es más tranquila y relajada, y la playa de Suan Son, que es conocida por sus impresionantes vistas del mar y su ambiente natural.
- Actividades acuáticas: Hua Hin es un paraíso para los amantes de las actividades acuáticas, con muchas oportunidades para hacer snorkel, buceo, surf y paddleboarding. Los visitantes pueden explorar los arrecifes de coral cercanos, nadar con tiburones y rayas, y disfrutar de la belleza natural del océano.
- Templos: Hua Hin es el hogar de muchos templos impresionantes, que ofrecen una visión única de la cultura local. El Templo de Wat Huay Mongkol es uno de los templos más famosos de la ciudad y es conocido por su enorme estatua de Buda. Otros templos populares incluyen el Templo de la Cueva del Mono, o Wat Tham Khao Tao, y el Templo de la Colina, o Wat Khao Takiab.

- Vida nocturna: Aunque no es tan vibrante como la de Bangkok o Phuket, la vida nocturna en Hua Hin ofrece una amplia gama de opciones para los visitantes. La calle principal de Naresdamri es el lugar más popular para salir de noche, con una gran cantidad de bares, clubes y restaurantes. Otras áreas populares incluyen la calle Soi Bintabaht y la calle Soi Hua Hin 80.
- Comida: La comida en Hua Hin es conocida por ser fresca y deliciosa, con una amplia gama de platos tradicionales tailandeses y mariscos frescos. Los platos más populares incluyen el Pad Thai, un plato de fideos con verduras y carne, y el Tom Yum, una sopa picante de marisco. Los visitantes pueden disfrutar de la comida callejera en los mercados y puestos de comida en toda la ciudad, o disfrutar de una cena elegante en uno de los muchos restaurantes de alta gama.
- Naturaleza: Hua Hin es conocida por su belleza natural, que incluye montañas, selvas y cascadas impresionantes. Los visitantes pueden explorar la ciudad en bicicleta o a pie, y disfrutar de las vistas panorámicas de la ciudad y los alrededores. Además, hay muchas oportunidades para hacer senderismo y visitar las cascadas cercanas, como la cascada Pala-U.
- Masajes: Hua Hin es conocida por sus masajes tradicionales tailandeses. Hay muchos spas y salones de masajes en toda la ciudad, que ofrecen una amplia gama de tratamientos, desde masajes de pies hasta masajes de cuerpo completo. Los masajes son una excelente manera de relajarse después de un día explorando la belleza natural y la cultura de la ciudad.
- Mercados: Hua Hin es conocida por sus mercados locales, que ofrecen una amplia variedad de productos frescos y artesanías tradicionales tailandesas. El Mercado Nocturno de Hua Hin es uno de los mercados más famosos de la ciudad y ofrece una amplia variedad de productos locales, desde comida hasta ropa y artesanías. Otros mercados populares incluyen el Mercado Flotante de Sam Phan Nam y el Mercado de Ciclistas de Hua Hin.

2.15. Railay

Railay es una península ubicada en la costa oeste de Tailandia, cerca de la ciudad de Krabi. Es un destino turístico popular debido a su belleza natural impresionante y sus actividades turísticas emocionantes. Aunque técnicamente no es una isla, es accesible únicamente por barco debido a las montañas que la rodean y la falta de carreteras.

- Playas: Railay es conocida por sus hermosas playas de arena blanca y aguas cristalinas. La playa más famosa de la península es la playa de Railay West, que es conocida por sus impresionantes vistas del mar y sus acantilados de piedra caliza. Otras playas populares incluyen la playa de Railay East, que es más tranquila y relajada, y la playa de Phra Nang, que es conocida por sus cuevas y sus vibrantes chiringuitos.
- Escalada en roca: Railay es uno de los mejores lugares del mundo para la escalada en roca, con muchas rutas impresionantes en los acantilados de piedra caliza que rodean la península. Los visitantes pueden tomar clases de escalada en roca o simplemente disfrutar de la vista de los escaladores experimentados en acción.
- Cuevas: Railay es el hogar de muchas cuevas impresionantes, que ofrecen una visión única de la belleza natural de la península. La Cueva de Phra Nang es una de las cuevas más famosas de la península y es conocida por sus estalactitas y estalagmitas impresionantes. Otras cuevas populares incluyen la Cueva de Diamond, que es conocida por sus cristales de calcita, y la Cueva de la Princesa, que es conocida por su estatua de Buda.
- Kayak: Railay es un lugar popular para hacer kayak, con muchas oportunidades para explorar las cuevas y acantilados cercanos desde el agua. Los visitantes pueden alquilar kayaks en la playa y disfrutar de la belleza natural de la península desde una perspectiva única.
- Comida: La comida en Railay es conocida por ser fresca y deliciosa, con una amplia gama de platos tradicionales tailandeses y mariscos frescos. Los platos más populares incluyen el Pad Thai, un plato de fideos con verduras y carne, y el Tom Yum, una sopa picante de marisco. Los visitantes pueden disfrutar de la comida callejera en los mercados y puestos de comida en toda la península, o disfrutar de una cena elegante en uno de los muchos restaurantes de alta gama.
- Naturaleza: Railay es conocida por su belleza natural, que incluye montañas, selvas y cascadas impresionantes. Los visitantes pueden explorar la península en bicicleta o a pie, y disfrutar de las vistas panorámicas de la península y los alrededores. Además, hay muchas oportunidades para hacer senderismo y visitar las cascadas cercanas, como la cascada de Ton Sai.
- Masajes: Railay es conocida por sus masajes tradicionales tailandeses. Hay muchos spas y salones de masajes en toda la península, que ofrecen una amplia gama de tratamientos, desde

masajes de pies hasta masajes de cuerpo completo. Los masajes son una excelente manera de relajarse después de un día explorando la belleza natural y la cultura de la península.
- Vida nocturna: Aunque no es tan vibrante como la de Bangkok o Phuket, la vida nocturna en Railay ofrece una amplia gama de opciones para los visitantes. La calle principal de Railay West es el lugar más popular para salir de noche, con una gran cantidad de bares, clubes y restaurantes. Otras áreas populares incluyen la playa de Railay East y la playa de Phra Nang.

2.16. Koh Chang

Koh Chang es la segunda isla más grande de Tailandia, ubicada en el golfo de Tailandia, cerca de la frontera con Camboya. La isla es conocida por su belleza natural impresionante, sus playas de arena blanca y sus aguas cristalinas, lo que la convierte en un destino turístico popular para aquellos que buscan escapar del estrés de la vida cotidiana.

- Playas: Koh Chang es conocida por sus hermosas playas de arena blanca y aguas cristalinas. La playa más famosa de la isla es la playa de White Sand, que es conocida por su arena suave y sus vibrantes chiringuitos. Otras playas populares incluyen la playa de Klong Prao, que es más tranquila y relajada, y la playa de Kai Bae, que es conocida por sus impresionantes vistas del mar y su ambiente natural.
- Actividades acuáticas: Koh Chang es un paraíso para los amantes de las actividades acuáticas, con muchas oportunidades para hacer snorkel, buceo, surf y paddleboarding. Los visitantes pueden explorar los arrecifes de coral cercanos, nadar con tiburones y rayas, y disfrutar de la belleza natural del océano.
- Cascadas: Koh Chang es el hogar de muchas cascadas impresionantes, que ofrecen una visión única de la belleza natural de la isla. La cascada de Klong Plu es una de las cascadas más famosas de la isla y es conocida por sus piscinas naturales y sus impresionantes vistas del bosque. Otras cascadas populares incluyen la cascada de Khlong Nonsi y la cascada de Than Mayom.
- Elefantes: Koh Chang es el hogar de muchos santuarios de elefantes, que ofrecen una visión única de la cultura local. Los visitantes pueden ver a los elefantes en su hábitat natural y aprender sobre la importancia de proteger a estos animales en peligro de extinción. Algunos de los santuarios de elefantes más populares de la isla incluyen el Santuario de Elefantes de Ban Kwan Chang y el Santuario de Elefantes de Koh Chang.

- Comida: La comida en Koh Chang es conocida por ser fresca y deliciosa, con una amplia gama de platos tradicionales tailandeses y mariscos frescos. Los platos más populares incluyen el Pad Thai, un plato de fideos con verduras y carne, y el Tom Yum, una sopa picante de marisco. Los visitantes pueden disfrutar de la comida callejera en los mercados y puestos de comida en toda la isla, o disfrutar de una cena elegante en uno de los muchos restaurantes de alta gama.
- Naturaleza: Koh Chang es conocida por su belleza natural, que incluye montañas, selvas y cascadas impresionantes. Los visitantes pueden explorar la isla en bicicleta o a pie, y disfrutar de las vistas panorámicas de la isla y los alrededores. Además, hay muchas oportunidades para hacer senderismo y visitar las cascadas cercanas.
- Masajes: Koh Chang es conocida por sus masajes tradicionales tailandeses. Hay muchos spas y salones de masajes en toda la isla, que ofrecen una amplia gama de tratamientos, desde masajes de pies hasta masajes de cuerpo completo. Los masajes son una excelente manera de relajarse después de un día explorando la belleza natural y la cultura de la isla.
- Mercados: Koh Chang es conocida por sus mercados locales, que ofrecen una amplia variedad de productos frescos y artesanías tradicionales tailandesas. El Mercado de Klong Prao es uno de los mercados más famosos de la isla y ofrece una amplia variedad de productos locales, desde comida hasta ropa y artesanías. Otros mercados populares incluyen el Mercado de Salak Phet y el Mercado de Bang Bao.
- Vida nocturna: Aunque no es tan vibrante como la de Bangkok o Phuket, la vida nocturna en Koh Chang ofrece una amplia gama de opciones para los visitantes. La calle principal de White Sand es el lugar más popular para salir de noche, con una gran cantidad de bares, clubes y restaurantes. Otras áreas populares incluyen la playa de Kai Bae y la playa de Lonely Beach.

2.17. Parque Nacional Khao Yai

El Parque Nacional Khao Yai es el parque nacional más grande de Tailandia, ubicado en la provincia de Nakhon Ratchasima, a unas tres horas al noreste de Bangkok. Fue fundado en 1962 y es Patrimonio de la Humanidad de la UNESCO desde 2005 debido a su diversidad biológica y su papel en la conservación de la selva tropical.

- Naturaleza: El parque cuenta con una gran cantidad de flora y fauna, y es el hogar de muchas especies en peligro de extinción, como los tigres, los elefantes, los gibones y los osos negros asiáticos. Los visitantes pueden explorar el parque en bicicleta o a pie, y disfrutar de las vistas panorámicas de la selva tropical y los alrededores. Además, hay muchas oportunidades para hacer senderismo y visitar las cascadas cercanas, como la cascada de Haew Narok, que es una de las cascadas más impresionantes del parque.
- Paseos en elefante: Los visitantes pueden hacer paseos en elefante por el parque, lo que les permite ver la selva tropical desde una perspectiva única. Los elefantes son entrenados por expertos y son tratados con el máximo respeto y cuidado.
- Observación de aves: El parque es un paraíso para los amantes de las aves, con más de 300 especies diferentes que habitan en la selva tropical. Los visitantes pueden tomar un tour de observación de aves y ver especies como el búho orejudo y el cuco de cresta de casco.
- Noches en la selva: Los visitantes pueden pasar la noche en la selva tropical, lo que les permite experimentar la vida nocturna del parque. Los alojamientos varían desde acampar en tiendas de campaña hasta dormir en cabañas de madera, y los visitantes pueden disfrutar de la tranquilidad de la selva tropical y el sonido de la fauna nocturna.
- Actividades guiadas: Los visitantes pueden participar en actividades guiadas por expertos en el parque, que les permiten aprender más sobre la flora y fauna del parque y su importancia en la conservación de la selva tropical. Las actividades incluyen tours de observación de aves, paseos en elefante y senderismo.
- Cascadas: El parque cuenta con muchas cascadas impresionantes, que ofrecen una visión única de la belleza natural del parque. La cascada de Haew Narok es la cascada más famosa del parque y es conocida por sus impresionantes vistas y su ambiente natural. Otras cascadas populares incluyen la cascada de Haew Suwat y la cascada de Namtok Sarika.
- Vida nocturna: Aunque no es tan vibrante como la de Bangkok o Phuket, la vida nocturna en el parque ofrece una amplia gama de opciones para los visitantes. Los alojamientos en el parque ofrecen cenas y eventos nocturnos, y los visitantes pueden disfrutar de la tranquilidad de la selva tropical y el sonido de la fauna nocturna.

2.18. Parque Nacional Erawan

El Parque Nacional Erawan es un destino turístico popular ubicado en la provincia de Kanchanaburi, en el oeste de Tailandia. Fue fundado en 1975 y es conocido por sus hermosas cascadas y su diversidad biológica.

- Cascadas: El parque es conocido por sus siete cascadas impresionantes, que ofrecen una visión única de la belleza natural del parque. Cada cascada tiene su propio nombre y características únicas, y muchas de ellas tienen piscinas naturales donde los visitantes pueden nadar y refrescarse. La cascada de Erawan es la más famosa del parque y es conocida por sus siete niveles y sus impresionantes vistas del bosque.
- Senderismo: El parque es un paraíso para los amantes del senderismo, con muchas oportunidades para explorar los senderos y caminos cercanos. Los visitantes pueden hacer caminatas cortas para ver las cascadas cercanas o hacer caminatas más largas para explorar el bosque y ver la vida silvestre. Hay muchos senderos diferentes para elegir, desde senderos fáciles hasta senderos más desafiantes para excursionistas experimentados.
- Vida silvestre: El parque es el hogar de muchas especies diferentes de animales y plantas, y es conocido por su diversidad biológica. Los visitantes pueden ver monos, ciervos, jabalíes y muchas otras especies mientras exploran el parque. También hay muchas especies de aves, reptiles y anfibios que habitan en el parque.
- Actividades acuáticas: Además de nadar en las piscinas naturales de las cascadas, los visitantes también pueden hacer rafting y kayak en el río cercano. Hay muchas empresas que ofrecen tours de rafting y kayak, que permiten a los visitantes ver el parque desde una perspectiva única.
- Comida: Hay muchos restaurantes y puestos de comida en el parque que ofrecen una amplia variedad de platos tailandeses y occidentales. Los visitantes pueden disfrutar de la comida mientras disfrutan de las vistas panorámicas del parque.
- Alojamiento: Hay muchos alojamientos diferentes disponibles en el parque, desde cabañas hasta tiendas de campaña. Los visitantes pueden optar por alojarse en una cabaña con aire acondicionado o en una tienda de campaña para disfrutar de la naturaleza. También hay muchas áreas para hacer picnic y acampar en el parque.
- Tours guiados: Los visitantes pueden tomar un tour guiado del parque, que les permitirá aprender más sobre la historia y la

cultura del parque. Los tours incluyen caminatas guiadas, tours de rafting y kayak, y tours de observación de aves.
- Templos cercanos: El parque está cerca de muchos templos impresionantes, que ofrecen una visión única de la cultura tailandesa. El Templo de la Cueva de la Muerte, o Wat Tham Suea, es uno de los templos más famosos de la zona y es conocido por sus estatuas de Buda y su impresionante ubicación en la cima de una montaña. Otros templos cercanos incluyen el Templo de la Cueva de los Tigres, o Wat Tham Khao Noi, y el Templo de la Cueva de los Murciélagos, o Wat Tham Phu Wa.

2.19. Koh Samet

Koh Samet es una isla ubicada en la costa este de Tailandia, cerca de la ciudad de Rayong. Es un destino turístico popular debido a su belleza natural impresionante, sus playas de arena blanca y sus aguas cristalinas.

- Playas: Koh Samet es conocida por sus hermosas playas de arena blanca y aguas cristalinas. La playa más famosa de la isla es la playa de Sai Kaew, que es conocida por sus vibrantes chiringuitos y su ambiente animado. Otras playas populares incluyen la playa de Ao Phai, que es más tranquila y relajada, y la playa de Ao Wong Duean, que es conocida por sus impresionantes vistas del mar y su ambiente natural.
- Actividades acuáticas: Koh Samet es un paraíso para los amantes de las actividades acuáticas, con muchas oportunidades para hacer snorkel, buceo, surf y paddleboarding. Los visitantes pueden explorar los arrecifes de coral cercanos, nadar con tiburones y rayas, y disfrutar de la belleza natural del océano.
- Vida nocturna: Aunque no es tan vibrante como la de Bangkok o Phuket, la vida nocturna en Koh Samet ofrece una amplia gama de opciones para los visitantes. La playa de Sai Kaew es el lugar más popular para salir de noche, con una gran cantidad de bares, clubes y restaurantes. Otras áreas populares incluyen la playa de Ao Phai y la playa de Ao Wong Duean.
- Comida: La comida en Koh Samet es conocida por ser fresca y deliciosa, con una amplia gama de platos tradicionales tailandeses y mariscos frescos. Los platos más populares incluyen el Pad Thai, un plato de fideos con verduras y carne, y el Tom Yum, una sopa picante de marisco. Los visitantes pueden disfrutar de la comida callejera en los mercados y puestos de comida en toda la isla, o disfrutar de una cena elegante en uno de los muchos restaurantes de alta gama.

- Naturaleza: Koh Samet es conocida por su belleza natural, que incluye montañas, selvas y cascadas impresionantes. Los visitantes pueden explorar la isla en bicicleta o a pie, y disfrutar de las vistas panorámicas de la isla y los alrededores. Además, hay muchas oportunidades para hacer senderismo y visitar las cascadas cercanas.
- Masajes: Koh Samet es conocida por sus masajes tradicionales tailandeses. Hay muchos spas y salones de masajes en toda la isla, que ofrecen una amplia gama de tratamientos, desde masajes de pies hasta masajes de cuerpo completo. Los masajes son una excelente manera de relajarse después de un día explorando la belleza natural y la cultura de la isla.
- Templos cercanos: Koh Samet está cerca de muchos templos impresionantes, que ofrecen una visión única de la cultura tailandesa. El Templo de la Cueva de la Muerte, o Wat Tham Suea, es uno de los templos más famosos de la zona y es conocido por sus estatuas de Buda y su impresionante ubicación en la cima de una montaña. Otros templos cercanos incluyen el Templo de la Cueva de los Tigres, o Wat Tham Khao Noi, y el Templo de la Cueva de los Murciélagos, o Wat Tham Phu Wa.

2.20. Koh Mak

Koh Mak es una isla pequeña y tranquila ubicada en el golfo de Tailandia, cerca de la costa este de Tailandia. Es un destino turístico popular para aquellos que buscan escapar del bullicio de las zonas turísticas más concurridas de Tailandia y disfrutar de la belleza natural de la isla.

- Playas: Koh Mak es conocida por sus hermosas playas de arena blanca y aguas cristalinas. La playa más famosa de la isla es la playa de Ao Kao, que es conocida por su ambiente tranquilo y su belleza natural. Otras playas populares incluyen la playa de Ao Suan Yai, que es más tranquila y relajada, y la playa de Ao Pai, que es conocida por sus impresionantes vistas del mar y su ambiente natural.
- Actividades acuáticas: Koh Mak es un paraíso para los amantes de las actividades acuáticas, con muchas oportunidades para hacer snorkel, buceo, surf y paddleboarding. Los visitantes pueden explorar los arrecifes de coral cercanos, nadar con tiburones y rayas, y disfrutar de la belleza natural del océano.
- Vida nocturna: Aunque no es tan vibrante como la de Bangkok o Phuket, la vida nocturna en Koh Mak ofrece una amplia gama de opciones para los visitantes. La playa de Ao Kao es el lugar

más popular para salir de noche, con una gran cantidad de bares, clubes y restaurantes. Otras áreas populares incluyen la playa de Ao Suan Yai y la playa de Ao Pai.
- Comida: La comida en Koh Mak es conocida por ser fresca y deliciosa, con una amplia gama de platos tradicionales tailandeses y mariscos frescos. Los platos más populares incluyen el Pad Thai, un plato de fideos con verduras y carne, y el Tom Yum, una sopa picante de marisco. Los visitantes pueden disfrutar de la comida callejera en los mercados y puestos de comida en toda la isla, o disfrutar de una cena elegante en uno de los muchos restaurantes de alta gama.
- Naturaleza: Koh Mak es conocida por su belleza natural, que incluye montañas, selvas y cascadas impresionantes. Los visitantes pueden explorar la isla en bicicleta o a pie, y disfrutar de las vistas panorámicas de la isla y los alrededores. Además, hay muchas oportunidades para hacer senderismo y visitar las cascadas cercanas.
- Masajes: Koh Mak es conocida por sus masajes tradicionales tailandeses. Hay muchos spas y salones de masajes en toda la isla, que ofrecen una amplia gama de tratamientos, desde masajes de pies hasta masajes de cuerpo completo. Los masajes son una excelente manera de relajarse después de un día explorando la belleza natural y la cultura de la isla.
- Mercados: Koh Mak es conocida por sus mercados locales, que ofrecen una amplia variedad de productos frescos y artesanías tradicionales tailandesas. El Mercado de Koh Mak es uno de los mercados más famosos de la isla y ofrece una amplia variedad de productos locales, desde comida hasta ropa y artesanías. Otros mercados populares incluyen el Mercado de Ao Suan Yai y el Mercado de Ao Kao.
- Templos cercanos: Koh Mak está cerca de muchos templos impresionantes, que ofrecen una visión única de la cultura tailandesa. El Templo de la Cueva de la Muerte, o Wat Tham Suea, es uno de los templos más famosos de la zona y es conocido por sus estatuas de Buda y su impresionante ubicación en la cima de una montaña. Otros templos cercanos incluyen el Templo de la Cueva de los Tigres, o Wat Tham Khao Noi, y el Templo de la Cueva de los Murciélagos, o Wat Tham Phu Wa.
- Observación de estrellas: Koh Mak es un gran lugar para observar las estrellas debido a su ubicación lejos de las zonas urbanas y su cielo limpio. Los visitantes pueden disfrutar de la tranquilidad de la isla mientras miran las estrellas en el cielo nocturno.

- Escalada: Koh Mak es un gran lugar para escalar debido a sus impresionantes acantilados de piedra caliza. Los visitantes pueden escalar las paredes de roca cercanas mientras disfrutan de las vistas panorámicas de la isla y los alrededores.

2.21. Koh Kood

Koh Kood es una isla ubicada en el Golfo de Tailandia, cerca de la frontera con Camboya. Es un destino turístico popular debido a su belleza natural impresionante, sus playas de arena blanca y sus aguas cristalinas.

- Playas: Koh Kood es conocida por sus hermosas playas de arena blanca y aguas cristalinas. La playa más famosa de la isla es la playa de Klong Chao, que es conocida por su belleza natural y su ambiente tranquilo. Otras playas populares incluyen la playa de Khlong Hin, que es más tranquila y relajada, y la playa de Ao Tapao, que es conocida por sus impresionantes vistas del mar y su ambiente natural.
- Actividades acuáticas: Koh Kood es un paraíso para los amantes de las actividades acuáticas, con muchas oportunidades para hacer snorkel, buceo, surf y paddleboarding. Los visitantes pueden explorar los arrecifes de coral cercanos, nadar con tiburones y rayas, y disfrutar de la belleza natural del océano.
- Vida nocturna: Aunque no es tan vibrante como la de Bangkok o Phuket, la vida nocturna en Koh Kood ofrece una amplia gama de opciones para los visitantes. La playa de Klong Chao es el lugar más popular para salir de noche, con una gran cantidad de bares, clubes y restaurantes. Otras áreas populares incluyen la playa de Khlong Hin y la playa de Ao Tapao.
- Comida: La comida en Koh Kood es conocida por ser fresca y deliciosa, con una amplia gama de platos tradicionales tailandeses y mariscos frescos. Los platos más populares incluyen el Pad Thai, un plato de fideos con verduras y carne, y el Tom Yum, una sopa picante de marisco. Los visitantes pueden disfrutar de la comida callejera en los mercados y puestos de comida en toda la isla, o disfrutar de una cena elegante en uno de los muchos restaurantes de alta gama.
- Naturaleza: Koh Kood es conocida por su belleza natural, que incluye montañas, selvas y cascadas impresionantes. Los visitantes pueden explorar la isla en bicicleta o a pie, y disfrutar de las vistas panorámicas de la isla y los alrededores. Además, hay muchas oportunidades para hacer senderismo y visitar las cascadas cercanas.

- Masajes: Koh Kood es conocida por sus masajes tradicionales tailandeses. Hay muchos spas y salones de masajes en toda la isla, que ofrecen una amplia gama de tratamientos, desde masajes de pies hasta masajes de cuerpo completo. Los masajes son una excelente manera de relajarse después de un día explorando la belleza natural y la cultura de la isla.
- Mercados: Koh Kood es conocida por sus mercados locales, que ofrecen una amplia variedad de productos frescos y artesanías tradicionales tailandesas. El Mercado de Koh Kood es uno de los mercados más famosos de la isla y ofrece una amplia variedad de productos locales, desde comida hasta ropa y artesanías. Otros mercados populares incluyen el Mercado de Khlong Hin y el Mercado de Ao Tapao.
- Templos cercanos: Koh Kood está cerca de muchos templos impresionantes, que ofrecen una visión única de la cultura tailandesa. El Templo de la Cueva de la Muerte, o Wat Tham Suea, es uno de los templos más famosos de la zona y es conocido por sus estatuas de Buda y su impresionante ubicación en la cima de una montaña. Otros templos cercanos incluyen el Templo de la Cueva de los Tigres, o Wat Tham Khao Noi, y el Templo de la Cueva de los Murciélagos, o Wat Tham Phu Wa.
- Observación de estrellas: Koh Kood es un gran lugar para observar las estrellas debido a su ubicación lejos de las zonas urbanas y su cielo limpio. Los visitantes pueden disfrutar de la tranquilidad de la isla mientras miran las estrellas en el cielo nocturno.
- Escalada: Koh Kood es un gran lugar para escalar debido a sus impresionantes acantilados de piedra caliza. Los visitantes pueden escalar las paredes de roca cercanas mientras disfrutan de las vistas panorámicas de la isla y los alrededores.

2.22. Parque Nacional Doi Inthanon

El Parque Nacional Doi Inthanon es uno de los destinos turísticos más populares de Tailandia, ubicado en la provincia de Chiang Mai, al norte del país. El parque es conocido por su belleza natural impresionante, su clima fresco y su rica biodiversidad.

El parque cuenta con numerosas montañas y colinas, siendo el pico más alto el Doi Inthanon, que se alza a una altura de 2.565 metros sobre el nivel del mar. Los visitantes pueden disfrutar de las vistas panorámicas de la montaña y el paisaje circundante desde varios puntos de observación en el parque. Además, el parque es el hogar de muchas especies diferentes de plantas y animales, lo que lo convierte en un lugar popular para la observación de la vida silvestre.

Además de la belleza natural, el parque también cuenta con varios sitios culturales y religiosos. Los visitantes pueden visitar el templo de Phra Mahathat Naphamethanidon y Phra Mahathat Naphaphon Bhumisiri, que son dos de los templos más famosos del parque. Estos templos son conocidos por sus impresionantes estatuas de Buda y su ubicación en la cima de la montaña.

El parque ofrece muchas actividades diferentes para los visitantes. Los senderos para caminatas son muy populares, y los visitantes pueden explorar los senderos cercanos para ver la flora y fauna del parque. También hay muchas oportunidades para hacer camping en el parque, y los visitantes pueden disfrutar de la belleza natural del parque mientras acampan bajo las estrellas. Para aquellos que buscan una experiencia más aventurera, el parque ofrece oportunidades para hacer rafting, kayak y escalada.

El clima fresco del parque lo convierte en un destino popular durante todo el año. Durante los meses de verano, el clima es fresco y agradable, lo que lo convierte en un lugar popular para escapar del calor y la humedad del resto del país. Durante los meses de invierno, el clima es aún más fresco, y los visitantes pueden disfrutar de las vistas panorámicas del paisaje invernal del parque.

2.23. Parque Histórico Phanom Rung

El Parque Histórico Phanom Rung es un sitio arqueológico ubicado en la provincia de Buriram, en el noreste de Tailandia. Es uno de los sitios históricos más importantes del país y es conocido por su impresionante arquitectura y su patrimonio cultural.

El parque se encuentra en la cima de una montaña y cuenta con edificios y templos construidos durante el período Khmer, que se remonta al siglo X. El templo principal del parque es el Templo de Phanom Rung, que es uno de los templos más impresionantes de Tailandia. El templo está construido en un estilo arquitectónico khmer y está dedicado al dios hindú Shiva.

El templo cuenta con una gran cantidad de detalles impresionantes, como esculturas intricadas talladas en la piedra y relieves que representan escenas de la mitología hindú. También hay una gran cantidad de estatuas de Buda y otras divinidades religiosas en el templo.

Además del Templo de Phanom Rung, el parque también cuenta con otros edificios y templos antiguos, como el Templo de Nang Phaya, que está dedicado a la diosa hindú Parvati. Otro templo importante del parque es el Templo de Phra Narai, que está dedicado al dios hindú Vishnu.

El parque es un lugar popular para los turistas y los locales, y es conocido por sus impresionantes vistas panorámicas de la montaña y la región circundante. Los visitantes pueden explorar el parque a través de senderos para caminatas, y también hay muchos puntos de observación en el parque que ofrecen vistas panorámicas del paisaje circundante.

El parque es un lugar importante para la cultura y la religión tailandesas, y es un lugar popular para las ceremonias y festivales religiosos. El Festival Phanom Rung, que se celebra cada año en abril, es uno de los festivales más famosos de Tailandia y atrae a miles de visitantes de todo el mundo.

2.24. Festival Phi Ta Khon

El Festival Phi Ta Khon es un festival anual que se celebra en la ciudad de Dan Sai, en la provincia de Loei, en el noreste de Tailandia. También se conoce como el Festival de los Espíritus, y es una celebración única que combina la cultura, la religión y la historia tailandesas.

El festival se celebra durante tres días en el mes de junio, y es una fiesta colorida y animada que atrae a visitantes de todo el mundo. Durante el festival, los participantes se disfrazan con máscaras y trajes coloridos y realizan una procesión en la que se muestran los disfraces y se realizan danzas tradicionales.

El origen del festival se remonta al siglo XIX, cuando se produjo una epidemia de peste en la región. Se dice que el festival se originó como una forma de alejar a los malos espíritus y atraer a los buenos espíritus para proteger a la gente de la enfermedad. Hoy en día, el festival es una celebración de la vida y la cultura, y es una oportunidad para que la gente de la región se una y celebre juntos.

Durante el festival, los participantes llevan máscaras y vestidos coloridos, y se cree que estas máscaras representan a los espíritus de los muertos que han regresado a la tierra. Los trajes también son muy elaborados, y están hechos a mano con telas y materiales tradicionales. Los participantes también llevan palos decorados con flores y hojas, que se utilizan para hacer sonidos y ritmos durante la procesión.

La procesión es el punto culminante del festival, y es una oportunidad para que los participantes muestren sus disfraces y realicen danzas tradicionales. Durante la procesión, los participantes recorren las calles de la ciudad, lanzando arroz y confeti a la multitud y haciendo sonidos con sus palos decorados.

Además de la procesión, el festival también cuenta con otras actividades y eventos, como concursos de máscaras y trajes, espectáculos de música y baile, y puestos de comida y bebida que ofrecen comida tradicional tailandesa.

2.25. Pueblo de Bo Sang

El pueblo de Bo Sang, ubicado en la provincia de Chiang Mai, al norte de Tailandia, es famoso por sus paraguas hechos a mano y su papel de seda pintado a mano. El pueblo es conocido como el "Pueblo del Paraguas", y es un destino turístico popular para aquellos que buscan ver la artesanía tradicional tailandesa y comprar recuerdos únicos.

Los paraguas de Bo Sang se fabrican utilizando técnicas tradicionales que se han transmitido de generación en generación. Los paraguas están hechos de bambú y papel de seda, y se decoran a mano con diseños tradicionales tailandeses. Los visitantes pueden ver el proceso de fabricación de los paraguas y ver a los artesanos mientras trabajan en sus talleres.

Además de los paraguas, Bo Sang también es conocido por su papel de seda pintado a mano. El papel de seda se utiliza para hacer una amplia variedad de productos, desde lámparas hasta abanicos y sombreros. Los visitantes pueden ver a los artesanos mientras trabajan en sus talleres y comprar productos hechos a mano directamente de los artesanos.

El pueblo de Bo Sang es un lugar pintoresco y tranquilo, con muchas tiendas y puestos que venden productos hechos a mano. Los visitantes pueden explorar el pueblo en bicicleta o a pie, y disfrutar de las vistas panorámicas de las montañas y los campos de arroz circundantes.

Bo Sang también es conocido por sus festivales, que se llevan a cabo durante todo el año. El Festival del Paraguas, que se celebra en enero, es uno de los festivales más famosos del pueblo. Durante el festival, los participantes llevan paraguas de colores y realizan una procesión por el pueblo. También hay espectáculos de música y danza, y puestos que venden comida y bebida.

3. Alojamiento

En Tailandia, hay una gran variedad de alojamientos disponibles para los visitantes, desde lujosos hoteles de cinco estrellas hasta hostales y casas de huéspedes más económicas. Los alojamientos están disponibles en todas las regiones del país, y los visitantes pueden encontrar opciones que se adapten a sus necesidades y presupuesto.

En este capítulo, exploraremos algunas de las opciones de alojamiento más populares en Tailandia y ofreceremos consejos y recomendaciones para ayudar a los visitantes a elegir el alojamiento perfecto para sus necesidades de viaje.

3.1. Tipos de alojamiento en Tailandia

Tailandia ofrece una amplia variedad de alojamientos para los visitantes, desde lujosos hoteles de cinco estrellas hasta hostales y casas de huéspedes más económicas. Los alojamientos están disponibles en todas las regiones del país, y los visitantes pueden encontrar opciones que se adapten a sus necesidades y presupuesto.

Hoteles

Los hoteles son una opción popular para los visitantes que buscan lujo y comodidad durante su estancia en Tailandia. Los hoteles de cinco estrellas ofrecen una amplia gama de servicios, como restaurantes gourmet, spas, piscinas y gimnasios. También hay hoteles más económicos disponibles, que ofrecen habitaciones más sencillas pero aún así cómodas. Los hoteles se pueden encontrar en todas las regiones del país, desde las zonas urbanas hasta las áreas rurales.

Resorts

Los resorts son otra opción popular para los visitantes que buscan un alojamiento de lujo en Tailandia. Los resorts suelen estar ubicados en zonas costeras o en áreas rurales, y ofrecen una amplia gama de servicios, como restaurantes, piscinas, spas y actividades al aire libre. Los resorts varían en tamaño y precio, desde pequeños complejos boutique hasta grandes resorts de cadena.

Hostales y casas de huéspedes

Los hostales y las casas de huéspedes son una opción popular para los viajeros que buscan un alojamiento más económico en Tailandia. Estos alojamientos suelen ofrecer habitaciones compartidas o privadas, y a menudo tienen áreas comunes donde los huéspedes pueden socializar. Los hostales y las casas de huéspedes se pueden encontrar en todas las regiones del país, y son una buena opción para los viajeros con presupuestos ajustados.

Apartamentos y villas

Los apartamentos y villas son una opción popular para los visitantes que buscan un alojamiento a largo plazo en Tailandia. Estos alojamientos suelen estar completamente amueblados y ofrecen una mayor privacidad y comodidad que los hoteles y los hostales. Los apartamentos y villas se pueden encontrar en todas las regiones del país, y son una buena opción para los visitantes que planean quedarse en Tailandia por un período prolongado.

Camping

El camping es una opción popular para los visitantes que buscan una experiencia de alojamiento al aire libre en Tailandia. Hay muchos campings disponibles en todo el país, y los visitantes pueden disfrutar de la belleza natural de Tailandia mientras acampan en tiendas de campaña o caravanas. Los campings suelen estar ubicados en áreas rurales, y ofrecen una amplia gama de servicios, como baños y duchas.

3.2. Las mejores zonas para hospedarse en Tailandia

Tailandia es un destino turístico popular, y cuenta con una gran variedad de opciones de alojamiento en todo el país. Desde lujosos hoteles de cinco estrellas hasta hostales y casas de huéspedes más económicas, hay opciones de alojamiento para todos los presupuestos y necesidades de viaje.

A continuación, se presentan algunas de las mejores zonas para hospedarse en Tailandia:

1. Bangkok

Bangkok es la capital de Tailandia y es conocida por su vibrante vida nocturna, sus templos históricos y sus tiendas y mercados. La ciudad cuenta con una amplia variedad de opciones de alojamiento, desde hoteles de lujo hasta hostales y casas de huéspedes más económicas. Algunas de las mejores zonas para hospedarse en Bangkok incluyen:

- Siam Square: Esta zona es conocida por sus grandes centros comerciales y su vibrante vida nocturna. Los visitantes pueden encontrar una amplia variedad de opciones de alojamiento en esta zona, desde hoteles de lujo hasta hostales más económicos.
- Khao San Road: Esta es una de las zonas más populares para los viajeros que buscan un alojamiento más económico. La zona cuenta con una gran cantidad de hostales y casas de huéspedes, y es conocida por su ambiente animado y su vibrante vida nocturna.
- Silom: Esta zona es conocida por sus restaurantes y bares de alta gama, y es una buena opción para aquellos que buscan un alojamiento más lujoso. Los visitantes pueden encontrar una amplia variedad de opciones de alojamiento en esta zona, desde hoteles de cinco estrellas hasta apartamentos y villas.

2. Phuket

Phuket es una isla en el sur de Tailandia, conocida por sus playas de arena blanca y su vida nocturna animada. La isla cuenta con una gran variedad de opciones de alojamiento, desde hoteles de lujo hasta hostales y casas de huéspedes más económicas. Algunas de las mejores zonas para hospedarse en Phuket incluyen:

- Patong Beach: Esta es una de las zonas más populares de Phuket, conocida por su vibrante vida nocturna y sus playas de arena blanca. Los visitantes pueden encontrar una amplia

variedad de opciones de alojamiento en esta zona, desde hoteles de lujo hasta hostales y casas de huéspedes más económicas.
- Karon Beach: Esta zona es conocida por sus playas de arena blanca y su ambiente tranquilo. Los visitantes pueden encontrar una amplia variedad de opciones de alojamiento en esta zona, desde hoteles de lujo hasta hostales y casas de huéspedes más económicas.
- Kata Beach: Esta zona es conocida por sus playas de arena blanca y su ambiente relajado. Los visitantes pueden encontrar una amplia variedad de opciones de alojamiento en esta zona, desde hoteles de lujo hasta hostales y casas de huéspedes más económicas.

3. Chiang Mai

Chiang Mai es una ciudad en el norte de Tailandia, conocida por sus templos históricos y sus mercados. La ciudad cuenta con una gran variedad de opciones de alojamiento, desde hoteles de lujo hasta hostales y casas de huéspedes más económicas. Algunas de las mejores zonas para hospedarse en Chiang Mai incluyen:

- El casco antiguo: Esta zona es conocida por sus templos históricos y sus mercados. Los visitantes pueden encontrar una amplia variedad de opciones de alojamiento en esta zona, desde hoteles de lujo hasta hostales y casas de huéspedes más económicas.
- Nimmanhaemin: Esta zona es conocida por sus tiendas modernas y sus restaurantes de alta gama. Los visitantes pueden encontrar una amplia variedad de opciones de alojamiento en esta zona, desde hoteles de lujo hasta apartamentos y villas.
- Mae Rim: Esta zona es conocida por su belleza natural y sus resorts de lujo. Los visitantes pueden encontrar una amplia variedad de opciones de alojamiento en esta zona, desde hoteles de lujo hasta apartamentos y villas.

4. Koh Samui

Koh Samui es una isla en el este de Tailandia, conocida por sus playas de arena blanca y sus resorts de lujo. La isla cuenta con una gran variedad de opciones de alojamiento, desde hoteles de lujo hasta hostales y casas de huéspedes más económicas. Algunas de las mejores zonas para hospedarse en Koh Samui incluyen:

- Chaweng Beach: Esta es una de las zonas más populares de Koh Samui, conocida por sus playas de arena blanca y su vibrante vida nocturna. Los visitantes pueden encontrar una amplia variedad de opciones de alojamiento en esta zona, desde hoteles de lujo hasta hostales y casas de huéspedes más económicas.
- Lamai Beach: Esta zona es conocida por sus playas de arena blanca y su ambiente relajado. Los visitantes pueden encontrar una amplia variedad de opciones de alojamiento en esta zona, desde hoteles de lujo hasta hostales y casas de huéspedes a precios competitivos.

5. Krabi

Krabi es una provincia en el sur de Tailandia, conocida por sus impresionantes paisajes naturales. La zona cuenta con una gran variedad de opciones de alojamiento, desde hoteles de lujo hasta hostales y casas de huéspedes más económicas. Algunas de las mejores zonas para hospedarse en Krabi incluyen:

- Ao Nang: Esta zona es conocida por sus playas de arena blanca y su vibrante vida nocturna. Los visitantes pueden encontrar una amplia variedad de opciones de alojamiento en esta zona, desde hoteles de lujo hasta hostales y casas de huéspedes más económicas.
- Railay Beach: Esta zona es conocida por sus impresionantes formaciones rocosas y sus playas de arena blanca. Los visitantes pueden encontrar una amplia variedad de opciones de alojamiento en esta zona, desde bungalows más económicos hasta hoteles de lujo.
- Koh Lanta: Esta isla es conocida por sus playas de arena blanca y su ambiente relajado. Los visitantes pueden encontrar una amplia variedad de opciones de alojamiento en esta zona, desde hoteles de lujo hasta hostales y casas de huéspedes más económicas.

6. Ayutthaya

Ayutthaya es una ciudad en el centro de Tailandia, conocida por sus antiguos templos y ruinas históricas. La zona cuenta con una gran variedad de opciones de alojamiento, desde hoteles de lujo hasta hostales y casas de huéspedes más económicas. Algunas de las mejores zonas para hospedarse en Ayutthaya incluyen:

- El casco antiguo: Esta zona es conocida por sus templos históricos y sus ruinas antiguas. Los visitantes pueden encontrar una amplia variedad de opciones de alojamiento en esta zona, desde hoteles de lujo hasta hostales y casas de huéspedes más económicas.
- La orilla del río: Esta zona es conocida por sus vistas panorámicas del río y sus templos históricos. Los visitantes pueden encontrar una amplia variedad de opciones de alojamiento en esta zona, desde hoteles de lujo hasta hostales y casas de huéspedes más económicas.

7. Koh Tao

Koh Tao es una isla en el golfo de Tailandia, conocida por sus impresionantes sitios de buceo y sus playas de arena blanca. La isla cuenta con una gran variedad de opciones de alojamiento, desde hoteles de lujo hasta hostales y casas de huéspedes más económicas. Algunas de las mejores zonas para hospedarse en Koh Tao incluyen:

- Sairee Beach: Esta es la zona más popular de la isla, conocida por sus playas de arena blanca y su vibrante vida nocturna. Los visitantes pueden encontrar una amplia variedad de opciones de alojamiento en esta zona, desde hoteles de lujo hasta hostales y casas de huéspedes más económicas.
- Mae Haad: Esta zona es conocida por sus playas de arena blanca y su ambiente tranquilo. Los visitantes pueden encontrar una amplia variedad de opciones de alojamiento en esta zona, desde hoteles de lujo hasta hostales y casas de huéspedes más económicas.

4. Comida

La comida tailandesa es famosa en todo el mundo por su sabor y su variedad. Desde platos picantes hasta sabores dulces y agridulces, la cocina tailandesa ofrece algo para todos los paladares.

En este capítulo, exploraremos algunos de los platos más populares de la cocina tailandesa, así como los ingredientes y técnicas de cocina que hacen que la comida tailandesa sea única y deliciosa. También ofreceremos consejos y recomendaciones para aquellos que buscan probar la auténtica comida tailandesa durante su viaje a Tailandia.

4.1. Comida típica tailandesa

La comida tailandesa es conocida por su sabor picante, agridulce y sabroso. Sus platos se caracterizan por la combinación de ingredientes frescos, como hierbas y especias, y por su complejidad en la preparación.

A continuación, se presentan algunos de los platos típicos de la cocina tailandesa:

- **Pad Thai:** es uno de los platos más populares de la cocina tailandesa. Se trata de fideos de arroz salteados con camarones,

tofu, huevo y salsa de tamarindo. Suele servirse con una guarnición de cacahuetes picados, brotes de soja y limón.
- **Tom Yum:** es una sopa picante y ácida hecha con langostinos, setas, hierbas y especias. Suele servirse con arroz blanco y se considera un plato ligero pero sabroso.
- **Som Tam:** es una ensalada picante de papaya verde rallada, tomates cherry, cacahuetes, chiles y limón. Es un plato refrescante y ligero, ideal para los días calurosos.
- **Massaman Curry:** es un curry espeso y cremoso hecho con carne de res o pollo y patatas. Se caracteriza por su sabor agridulce, gracias a la combinación de especias como el cilantro, la canela y el anís estrellado.
- **Green Curry:** es un curry picante y cremoso hecho con leche de coco, pollo o pescado, y una mezcla de hierbas y especias. Suele servirse con arroz blanco y se caracteriza por su sabor fresco y picante.
- **Mango Sticky Rice:** es un postre típico de Tailandia. Se trata de arroz glutinoso cocido con leche de coco y azúcar, servido con mango fresco. Es un plato dulce y delicioso, ideal para aquellos que buscan probar el lado más dulce de la cocina tailandesa.

Además de estos platos clásicos, la cocina tailandesa ofrece una amplia variedad de opciones vegetarianas y veganas, como el Pad Pak Ruam, un salteado de verduras mixtas, y el Tom Kha Hed, una sopa de coco y setas.

La cocina tailandesa también se caracteriza por el uso de hierbas y especias frescas. Algunas de las especias más comunes incluyen el cilantro, el jengibre, la hierba de limón, el chile y la cúrcuma. Estas hierbas y especias se utilizan para dar sabor y aroma a los platos, y también se cree que tienen propiedades medicinales.

4.2. Restaurantes recomendados

Tailandia es conocida por su deliciosa comida, y los visitantes pueden encontrar una amplia variedad de opciones de restaurantes en todo el país. Desde puestos callejeros hasta restaurantes de alta gama, hay opciones de comida para todos los gustos y presupuestos.

A continuación, se presentan algunos de los restaurantes recomendados en Tailandia:

1. Gaggan, Bangkok

Gaggan es un restaurante en Bangkok que ha sido clasificado como uno de los mejores restaurantes del mundo. El chef propietario, Gaggan Anand, es conocido por su creatividad y su uso innovador de ingredientes locales. El menú degustación de Gaggan ofrece una experiencia gastronómica única, con platos como el curry de cordero y la sopa de tomate con sorbete de jengibre.

2. Nahm, Bangkok

Nahm es otro restaurante en Bangkok que ha sido clasificado como uno de los mejores del mundo. El chef propietario, David Thompson, es conocido por su enfoque en la cocina tailandesa tradicional. El menú de Nahm incluye platos como el pato rojo y el curry de cangrejo.

3. Baan Rim Pa, Phuket

Baan Rim Pa es un restaurante en Phuket que ofrece una vista impresionante del mar y la puesta de sol. El menú incluye platos tailandeses y europeos, como el curry verde y el filete de ternera con salsa de pimienta negra.

4. Huen Phen, Chiang Mai

Huen Phen es un restaurante en Chiang Mai que ofrece platos de la cocina del norte de Tailandia. El menú incluye platos como el khao soi, un plato de fideos con curry de pollo y leche de coco, y la ensalada de cerdo a la parrilla.

5. Ruen Mallika, Bangkok

Ruen Mallika es un restaurante en Bangkok que ofrece platos de la cocina tailandesa tradicional en un ambiente histórico. El menú incluye platos como el curry de cangrejo y la ensalada de pomelo.

6. Laem Charoen Seafood, Bangkok

Laem Charoen Seafood es un restaurante en Bangkok que ofrece mariscos frescos y deliciosos. Los visitantes pueden elegir los mariscos que deseen y pedir que los cocinen de la forma que deseen.

7. Jay Fai, Bangkok

Jay Fai es un puesto callejero en Bangkok que se ha vuelto famoso por su pad thai. La chef propietaria, Jay Fai, cocina el pad thai en una sartén de hierro fundido sobre un fuego de leña. El plato está hecho con camarones, tofu, huevo y fideos de arroz.

8. Thip Samai, Bangkok

Thip Samai es otro puesto callejero en Bangkok que es famoso por su pad thai. El plato está hecho con camarones, tofu, huevo y fideos de arroz, y se sirve con una salsa de tamarindo y cacahuetes picados.

9. Riverside Terrace, Bangkok

Riverside Terrace es un restaurante en Bangkok que ofrece una vista impresionante del río Chao Phraya. El menú incluye platos tailandeses y occidentales, como el curry verde y el filete de ternera con salsa de pimienta negra.

10. Sea Hag, Koh Samui

Sea Hag es un restaurante en Koh Samui que ofrece mariscos frescos y deliciosos. El menú incluye platos como la sopa de pescado y el curry de camarones.

4.3. Comida callejera

La comida callejera es una parte integral de la cultura culinaria tailandesa. Los puestos de comida callejera se pueden encontrar en todo el país, desde las calles de Bangkok hasta las playas de Phuket. Los visitantes pueden disfrutar de una amplia variedad de platos tailandeses auténticos a precios muy asequibles.

Los puestos de comida callejera suelen estar ubicados en las aceras o en pequeñas plazas públicas. Los vendedores preparan los platos al momento, lo que significa que los visitantes pueden disfrutar de comida fresca y recién preparada. Los platos se sirven generalmente en pequeñas bolsas de plástico o en platos desechables.

A continuación, se presentan algunos de los platos de comida callejera más populares de Tailandia:

- **Pad Thai:** el pad thai es uno de los platos más populares de la comida callejera tailandesa. Se trata de fideos de arroz salteados con camarones, tofu, huevo y salsa de tamarindo. Suele servirse con una guarnición de cacahuetes picados, brotes de soja y limón. Los vendedores de comida callejera suelen ofrecer una

versión más barata del plato que la que se encuentra en los restaurantes.
- **Satay:** el satay es una brocheta de carne, generalmente pollo o cerdo, que se ha marinado en una mezcla de especias y se ha asado a la parrilla. Se sirve con una salsa de cacahuetes picante y se puede encontrar en la mayoría de los puestos de comida callejera en Tailandia.
- **Som Tam:** el som tam es una ensalada picante de papaya verde rallada, tomates cherry, cacahuetes, chiles y limón. Es un plato refrescante y ligero, ideal para los días calurosos. Los vendedores de comida callejera suelen ofrecer una versión más picante del plato que la que se encuentra en los restaurantes.
- **Mango Sticky Rice:** el mango sticky rice es un postre típico de Tailandia. Se trata de arroz glutinoso cocido con leche de coco y azúcar, servido con mango fresco. Es un plato dulce y delicioso, ideal para aquellos que buscan probar el lado más dulce de la cocina tailandesa.
- **Kao Mun Gai:** el kao mun gai es un plato de arroz y pollo aromatizado, que se cocina en un caldo de pollo y se sirve con una salsa de chile y jengibre. Es un plato popular en todo el país y se puede encontrar en la mayoría de los puestos de comida callejera.
- **Gai Tod:** el gai tod es pollo frito que se ha marinado en una mezcla de especias y se sirve con una salsa dulce y picante. Es un plato popular en los puestos de comida callejera y se puede encontrar en todo el país.

Los visitantes de Tailandia no deben tener miedo de probar la comida callejera. Es una forma deliciosa y asequible de probar la auténtica cocina tailandesa. Sin embargo, es importante tener en cuenta que la higiene puede ser un problema en algunos puestos de comida callejera, por lo que se recomienda elegir los puestos más concurridos o populares.

5. Principales atracciones y excursiones en Tailandia

Tailandia es un país lleno de maravillas naturales, templos antiguos y vibrante cultura. Desde sus playas de arena blanca hasta sus bosques tropicales, Tailandia ofrece una amplia variedad de atracciones y excursiones para los visitantes.

En este capítulo, exploraremos algunas de las principales atracciones de Tailandia, desde sus antiguas ciudades hasta sus islas paradisíacas. También ofreceremos recomendaciones para excursiones y actividades que no puedes perderte durante tu estancia en este hermoso país del sudeste asiático.

5.1. Templo del Buda de Esmeralda (Wat Phra Kaew) y Gran Palacio en Bangkok

El Templo del Buda de Esmeralda, también conocido como Wat Phra Kaew, es uno de los templos más sagrados de Tailandia. Está ubicado dentro del recinto del Gran Palacio en Bangkok y es uno de los lugares turísticos más populares del país.

El templo es conocido por su impresionante arquitectura y por la imagen de Buda de esmeralda que se encuentra en su interior. La estatua, tallada en un solo bloque de jade, mide 66 centímetros de altura y está sentada en una posición de meditación. Se cree que la estatua fue tallada en el siglo XV y ha sido considerada como un amuleto de la suerte para el país desde entonces.

El templo en sí es un ejemplo impresionante de la arquitectura tailandesa tradicional. Está construido en un estilo similar al de otros templos en el país, con techos de varias capas y torres de oro brillante. Los muros del templo están cubiertos de mosaicos de vidrio multicolores y de escenas de la vida de Buda.

El Gran Palacio, que alberga el Templo del Buda de Esmeralda, es un complejo de edificios impresionantes que fue construido en 1782. Fue la residencia del rey de Tailandia durante más de 150 años y es considerado como uno de los ejemplos más impresionantes de la arquitectura tailandesa.

El complejo incluye varios edificios, cada uno con su propia arquitectura y propósito. Algunos de los edificios más destacados incluyen el Salón del Trono, que es utilizado para ceremonias importantes, y el Salón de la Coronación, que ha sido utilizado para la coronación de los reyes de Tailandia.

Además de su impresionante arquitectura, el Gran Palacio también es conocido por sus jardines y por sus colecciones de arte y artefactos históricos. Los visitantes pueden pasear por los jardines del palacio y disfrutar de las vistas de los edificios y de los estanques.

El Templo del Buda de Esmeralda y el Gran Palacio son dos de los lugares más importantes para visitar en Bangkok y en Tailandia. Los visitantes pueden disfrutar de la impresionante arquitectura, aprender sobre la historia y la cultura tailandesa, y ver una de las imágenes religiosas más sagradas del país.

5.2. Templo del Amanecer (Wat Arun) en Bangkok

El Templo del Amanecer, o Wat Arun en tailandés, es uno de los templos más famosos de Bangkok y de Tailandia en general. Se encuentra en la orilla oeste del río Chao Phraya, y es fácilmente visible desde muchos puntos de la ciudad.

El templo es conocido por su impresionante arquitectura y por su hermosa ubicación en el río. La estructura principal del templo es una torre central de más de 70 metros de altura, decorada con mosaicos y esculturas de vidrio multicolores. La torre se encuentra rodeada por cuatro torres más pequeñas, cada una de las cuales está decorada con figuras y símbolos budistas.

El Templo del Amanecer es uno de los templos más antiguos de Bangkok, que se cree que fue construido en el siglo XVII durante el reinado del rey Taksin. Sin embargo, gran parte de la estructura actual del templo fue construida durante el siglo XIX, durante el reinado del rey Rama II.

El templo es conocido por su impresionante iluminación nocturna, que hace que la estructura brille en el río. Los visitantes pueden disfrutar de vistas espectaculares del templo desde muchos puntos de la ciudad, especialmente desde los paseos en bote por el río.

Además de su arquitectura impresionante, el Templo del Amanecer es un lugar sagrado para los budistas tailandeses. Los visitantes pueden ver las estatuas de Buda y otros símbolos religiosos que se encuentran en el interior del templo.

El Templo del Amanecer es un lugar imprescindible para visitar para cualquier persona que viaje a Bangkok o a Tailandia en general. Los visitantes pueden disfrutar de la impresionante arquitectura, aprender sobre la cultura y la religión tailandesas, y disfrutar de la hermosa ubicación del templo en el río Chao Phraya.

5.3. Mercado flotante Damnoen Saduak en Bangkok

El mercado flotante de Damnoen Saduak es uno de los lugares más populares para visitar en Bangkok y en Tailandia en general. Es un lugar colorido y animado, donde los visitantes pueden disfrutar de una experiencia única de compras y comida.

El mercado se encuentra a unos 100 kilómetros al suroeste de Bangkok y es accesible en coche o en barco. Los visitantes pueden tomar un bote tradicional de cola larga a través de los canales para llegar al mercado.

Una vez que llegan al mercado, los visitantes pueden explorar los puestos de comida y de productos locales que se encuentran en los botes. Los vendedores venden una amplia variedad de productos, desde frutas y verduras frescas hasta artesanías y souvenirs.

Los visitantes también pueden disfrutar de la comida local en el mercado. Los platos más populares incluyen el Pad Thai, el Som Tam y el Khao Pad. También hay una gran variedad de postres y bebidas disponibles en el mercado, como el mango sticky rice y el jugo de coco fresco.

El mercado flotante de Damnoen Saduak es un lugar animado y concurrido, especialmente durante los fines de semana y los días festivos. Los visitantes pueden disfrutar de música en vivo y de otras actividades culturales mientras exploran el mercado.

Es importante tener en cuenta que el mercado flotante de Damnoen Saduak puede ser muy concurrido y turístico, por lo que los precios pueden ser más altos que en otros lugares. Los visitantes deben estar preparados para regatear y negociar los precios con los vendedores.

5.4. Mercado nocturno de Chiang Mai

El mercado nocturno de Chiang Mai es uno de los lugares más populares para visitar en la ciudad del norte de Tailandia. Se trata de un mercado al aire libre que se abre cada noche en el centro de la ciudad, y que ofrece una amplia variedad de productos y experiencias para los visitantes.

El mercado se compone de varios bloques de tiendas y puestos que se extienden a lo largo de varias calles del centro de la ciudad. Los visitantes pueden encontrar una amplia variedad de productos en el mercado, desde artesanías y ropa hasta comida y souvenirs.

Algunos de los productos más populares que se venden en el mercado nocturno de Chiang Mai incluyen:

- **Artesanías:** los visitantes pueden encontrar una amplia variedad de artesanías en el mercado, como joyas, cerámica, tejidos y esculturas. Muchos de los productos son hechos a mano por artesanos locales, lo que los hace únicos y auténticos.
- **Ropa:** el mercado nocturno de Chiang Mai es un gran lugar para comprar ropa, ya que hay una gran variedad de opciones disponibles. Los visitantes pueden encontrar ropa tradicional tailandesa, como faldas largas y pantalones anchos, así como ropa más moderna y occidental.
- **Comida:** hay muchos puestos de comida en el mercado nocturno de Chiang Mai, que ofrecen una amplia variedad de platos tailandeses y internacionales. Los visitantes pueden probar platos tradicionales como el khao soi (un plato de fideos con curry de pollo y leche de coco), el pad thai y el som tam,

así como otros platos internacionales como pizza y hamburguesas.
- **Souvenirs:** el mercado nocturno de Chiang Mai es un gran lugar para comprar souvenirs y recuerdos de Tailandia. Los visitantes pueden encontrar una amplia variedad de productos, como imanes de nevera, llaveros, muñecas de tela y camisetas.

5.5. Santuario de elefantes en Chiang Mai

Uno de los destinos turísticos más populares de Tailandia son los santuarios de elefantes, donde los visitantes pueden interactuar con estos majestuosos animales y aprender sobre su conservación y protección.

Uno de los santuarios de elefantes más famosos de Tailandia se encuentra en la ciudad norteña de Chiang Mai. Este santuario se dedica a rescatar elefantes que han sido maltratados o que han sido utilizados en la industria del turismo. Los visitantes pueden aprender sobre la historia de los elefantes rescatados y sobre los esfuerzos del santuario para protegerlos y cuidarlos.

Los visitantes también pueden interactuar con los elefantes en el santuario. Pueden alimentar a los elefantes y bañarlos en el río cercano. Los elefantes son libres de moverse y explorar el santuario a su antojo, lo que significa que los visitantes pueden verlos en su entorno natural.

Es importante tener en cuenta que no todos los santuarios de elefantes son iguales. Algunos santuarios han sido criticados por no proporcionar un ambiente adecuado para los elefantes o por permitir que los visitantes los monten. Es importante investigar los santuarios antes de visitarlos y asegurarse de que estén comprometidos con la protección y conservación de los elefantes.

5.6. Templo Blanco (Wat Rong Khun) en Chiang Rai

El Templo Blanco, también conocido como Wat Rong Khun, es uno de los lugares más impresionantes y populares para visitar en la ciudad de Chiang Rai, en el norte de Tailandia. El templo es conocido por su arquitectura única y hermosa, así como por su rica historia y simbolismo.

El Templo Blanco fue diseñado y construido por el artista y arquitecto tailandés Chalermchai Kositpipat. La construcción del templo comenzó en 1997 y todavía está en curso hoy en día. La idea detrás del Templo

Blanco era crear un lugar sagrado que simbolizara la pureza y la iluminación, y que fuera un lugar de meditación y reflexión para los visitantes.

El templo es conocido por su impresionante fachada blanca, que está decorada con mosaicos de vidrio y esculturas de buda. La fachada del templo está diseñada para simbolizar la iluminación y la pureza, y está decorada con imágenes de buda y otros símbolos budistas.

El interior del Templo Blanco es igualmente impresionante. El templo cuenta con una gran sala de meditación, decorada con hermosas pinturas murales que representan la vida de buda. También hay una estatua de buda de 10 metros de altura en el interior del templo, que está rodeada por imágenes de otros símbolos budistas.

Además de su impresionante arquitectura, el Templo Blanco es un lugar sagrado para los budistas tailandeses. Los visitantes pueden ver las estatuas de buda y otros símbolos religiosos que se encuentran en el interior del templo, y pueden aprender sobre la historia y la cultura budista de Tailandia.

El Templo Blanco es un lugar imprescindible para visitar para cualquier persona que viaje a Chiang Rai o a Tailandia en general. Los visitantes pueden disfrutar de la impresionante arquitectura, aprender sobre la cultura y la religión tailandesas, y disfrutar de la hermosa ubicación del templo en el paisaje del norte de Tailandia.

Es importante tener en cuenta que el Templo Blanco es un lugar sagrado y respetado en Tailandia, y se espera que los visitantes se comporten con respeto y dignidad. Los visitantes deben vestirse de manera adecuada, cubriendo los hombros y las piernas, y deben evitar hacer ruido o tomar fotografías en áreas donde no se permite.

5.7. Isla Phi Phi y la bahía Maya en Krabi

La Isla Phi Phi y la bahía Maya son dos de los destinos turísticos más populares de Tailandia. Situadas en la provincia de Krabi, en la costa oeste del país, estas hermosas islas son conocidas por sus playas de arena blanca, aguas cristalinas y hermosos paisajes.

La Isla Phi Phi es en realidad un archipiélago de seis islas, siendo Phi Phi Don y Phi Phi Leh las más conocidas. Phi Phi Don es la isla principal y es donde se encuentran la mayoría de los hoteles y restaurantes. Phi Phi Leh es una isla más pequeña, pero es conocida por sus paisajes impresionantes y por ser el lugar donde se filmó la película "The Beach".

La bahía Maya se encuentra en Phi Phi Leh y es una de las atracciones más populares de la isla. La bahía es conocida por sus aguas cristalinas y su impresionante paisaje de acantilados rocosos cubiertos de vegetación. Es un lugar perfecto para nadar, hacer snorkel o simplemente disfrutar de la belleza natural de Tailandia.

Además de la bahía Maya, los visitantes de la Isla Phi Phi pueden disfrutar de muchas otras actividades y atracciones. Algunas de las actividades más populares incluyen:

- **Playas:** la Isla Phi Phi tiene algunas de las playas más hermosas de Tailandia. La playa de Long Beach es una de las más populares y es conocida por su arena blanca y sus aguas cristalinas. La playa de Monkey es otra playa popular, que debe su nombre a los monos que suelen visitarla.
- **Snorkel y buceo:** las aguas cristalinas de la Isla Phi Phi son perfectas para hacer snorkel y buceo. Los visitantes pueden ver una amplia variedad de vida marina, incluyendo corales, peces tropicales y tortugas marinas.
- **Excursión a la bahía Maya:** los visitantes pueden hacer una excursión en barco a la bahía Maya y disfrutar de la impresionante belleza natural de la isla. Muchos tours incluyen paradas en otras atracciones de la Isla Phi Phi, como la cueva de Viking y la playa de Maya.
- **Senderismo:** la Isla Phi Phi tiene muchos senderos para caminar y explorar. El sendero de la vista panorámica es uno de los más populares y ofrece vistas impresionantes de la isla y del mar.
- **Fiesta en la playa:** Phi Phi Don es conocida por su vida nocturna, especialmente por sus fiestas en la playa. Los visitantes pueden disfrutar de música en vivo, bebidas y baile en la playa de Ton Sai o en la playa de Loh Dalum.

5.8. Parque Nacional Khao Yai en Nakhon Ratchasima

El Parque Nacional Khao Yai es el parque nacional más grande de Tailandia y se encuentra en la provincia de Nakhon Ratchasima, en el centro de Tailandia. El parque abarca una enorme extensión de selva tropical y es el hogar de una gran variedad de flora y fauna.

El parque se estableció en 1962 y se convirtió en el primer parque nacional de Tailandia. Desde entonces, ha sido reconocido como Patrimonio de la Humanidad por la UNESCO y es uno de los destinos turísticos más populares de Tailandia.

El parque es conocido por su impresionante paisaje de montañas, selva tropical y cascadas. Los visitantes pueden disfrutar de muchas actividades al aire libre en el parque, como trekking, observación de aves, safaris nocturnos y rafting. También hay una gran variedad de vida silvestre en el parque, incluyendo elefantes, tigres, osos, monos y una gran variedad de aves y reptiles.

Una de las atracciones más populares del Parque Nacional Khao Yai es el Haew Narok Waterfall, que es una cascada de más de 150 metros de altura. Los visitantes pueden caminar por un sendero a través de la selva para llegar a la cascada y disfrutar de las vistas espectaculares.

Otra atracción popular en el parque es el Khao Yai Art Museum, que cuenta con una gran colección de arte y esculturas de artistas tailandeses. El museo está ubicado en un hermoso edificio de estilo tailandés, rodeado de jardines y estanques.

5.9. Isla de James Bond en Phang Nga Bay

La Isla de James Bond es un destino turístico popular en Tailandia, situado en la Bahía de Phang Nga, cerca de la costa oeste del país. La isla es conocida por su impresionante paisaje de acantilados de piedra caliza y por ser el lugar donde se filmó la película de James Bond "El hombre de la pistola de oro".

La isla es también conocida como Ko Tapu o Khao Phing Kan. Se encuentra a unos 40 kilómetros al noreste de Phuket y es accesible en barco desde la ciudad de Phang Nga.

La Isla de James Bond es conocida por su impresionante paisaje de acantilados de piedra caliza, que se elevan desde las aguas cristalinas de la bahía. El acantilado más famoso es el Ko Tapu, que se encuentra en el centro de la bahía y se eleva a unos 20 metros sobre el agua. El acantilado es conocido por su forma distintiva, que parece una aguja de piedra que se eleva desde el mar.

Los visitantes de la Isla de James Bond pueden disfrutar de muchas actividades y atracciones en la bahía. Algunas de las actividades más populares incluyen:

- **Excursión en barco:** los visitantes pueden hacer una excursión en barco por la bahía y disfrutar de las vistas impresionantes de los acantilados de piedra caliza. Muchos tours incluyen paradas en otras atracciones de la bahía, como la cueva de Hong y la aldea flotante de Panyee.
- **Kayak:** los visitantes pueden alquilar kayaks y explorar la bahía por su cuenta. Esta es una gran manera de experimentar la belleza natural de la bahía y de ver la vida marina de cerca.
- **Snorkel y buceo:** las aguas cristalinas de la bahía son perfectas para hacer snorkel y buceo. Los visitantes pueden ver una amplia variedad de vida marina, incluyendo corales, peces tropicales y tortugas marinas.
- **Visita a la aldea flotante de Panyee:** la aldea flotante de Panyee es una atracción popular en la bahía. Los visitantes pueden explorar la aldea y ver cómo viven los pescadores locales.
- **Visita a la cueva de Hong:** la cueva de Hong es una cueva de piedra caliza que se encuentra en la bahía. Los visitantes pueden hacer una excursión en barco a la cueva y explorar su interior.

5.10. Isla de Coral (Koh Hae) en Phuket

La Isla de Coral, también conocida como Koh Hae, es una de las islas más populares en la provincia de Phuket, en el sur de Tailandia. La isla es conocida por sus hermosas playas de arena blanca, aguas cristalinas y una gran variedad de actividades al aire libre.

La isla es accesible en barco desde la ciudad de Chalong, en la costa este de Phuket. Los visitantes pueden tomar un bote tradicional de cola larga o un bote de velocidad para llegar a la isla.

Una vez en la isla, los visitantes pueden disfrutar de una amplia variedad de actividades y atracciones, como:

- **Playas:** la Isla de Coral tiene algunas de las playas más hermosas de Phuket. La playa de Long Beach es una de las más populares y es conocida por su arena blanca y sus aguas cristalinas. La playa de Banana es otra playa popular, que debe su nombre a su forma de media luna.
- **Snorkel y buceo:** las aguas cristalinas alrededor de la Isla de Coral son perfectas para hacer snorkel y buceo. Los visitantes pueden ver una amplia variedad de vida marina, incluyendo corales, peces tropicales y tortugas marinas.

- **Parapente acuático:** los visitantes pueden disfrutar de la emoción del parapente acuático en la Isla de Coral. Los parapentes son remolcados por un bote y luego vuelan sobre las aguas cristalinas de la isla.
- **Paseos en bote:** los visitantes pueden tomar un paseo en bote alrededor de la isla y disfrutar de las vistas impresionantes de la costa y de las playas. Muchos tours incluyen paradas en otras atracciones de la Isla de Coral, como la cueva de coral y la playa de Banana.
- **Senderismo:** la Isla de Coral tiene muchos senderos para caminar y explorar. Los visitantes pueden caminar por la selva y disfrutar de las vistas impresionantes de la isla y del mar.
- **Comida:** hay muchos restaurantes en la Isla de Coral que ofrecen una amplia variedad de comida tailandesa e internacional. Los visitantes pueden disfrutar de platos tradicionales como el pad thai y el som tam, así como otros platos internacionales como pizza y hamburguesas.

5.11. Parque Nacional Ang Thong en Koh Samui

El Parque Nacional Ang Thong es una reserva natural en la costa oeste de Tailandia, frente a la isla de Koh Samui. El parque abarca un archipiélago de 42 islas, y es conocido por sus playas de arena blanca, aguas cristalinas y hermosos paisajes.

El parque se estableció en 1980 y se convirtió en un parque nacional en 1985. Desde entonces, ha sido reconocido como una reserva natural protegida y es uno de los destinos turísticos más populares de Tailandia.

El Parque Nacional Ang Thong es conocido por su impresionante paisaje de acantilados de piedra caliza, selva tropical y playas de arena blanca. Los visitantes pueden disfrutar de muchas actividades al aire libre en el parque, como trekking, observación de aves, y snorkel. También hay una gran variedad de vida silvestre en el parque, incluyendo monos, serpientes y una gran variedad de aves.

Una de las atracciones más populares del Parque Nacional Ang Thong es el sendero de trekking que lleva a la cima del mirador Wua Talap. La caminata de dos horas ofrece vistas espectaculares del archipiélago, y es una excelente oportunidad para ver la flora y fauna de la región. En la cima, los visitantes pueden disfrutar de las vistas panorámicas y tomar fotografías.

Otra atracción popular en el Parque Nacional Ang Thong es la playa de Koh Wua Ta Lap, que es una playa de arena blanca rodeada de aguas cristalinas. Los visitantes pueden disfrutar de actividades como natación, kayak y snorkel en la playa. También hay un camping en la playa, donde los visitantes pueden pasar la noche y disfrutar del paisaje de noche.

El Parque Nacional Ang Thong también cuenta con una gran variedad de vida marina, incluyendo corales, peces tropicales y tortugas marinas. Los visitantes pueden hacer snorkel y buceo para explorar la vida marina de cerca. También hay una gran variedad de especies de aves en el parque, incluyendo el águila pescadora, la garza y el martín pescador.

5.12. Templo de la Cueva del Tigre (Wat Tham Sua) en Krabi

El Templo de la Cueva del Tigre, o Wat Tham Sua en tailandés, es uno de los templos más impresionantes y sagrados en la provincia de Krabi, en el sur de Tailandia. El templo es conocido por su ubicación en una colina, ofreciendo vistas impresionantes del campo circundante y del mar de Andamán.

Para acceder al templo, los visitantes deben subir 1.237 escalones hasta la cima de la colina. La subida puede ser agotadora, pero las vistas y la experiencia valen la pena. Durante la subida, los visitantes pueden disfrutar de vistas impresionantes de la selva tropical y del mar, así como de la oportunidad de interactuar con los monos que viven en la zona.

La entrada al templo es gratuita, aunque se aceptan donaciones. A la entrada, los visitantes deben quitarse los zapatos y cubrirse los hombros y las piernas antes de entrar en las áreas sagradas del templo.

El templo es conocido por su cueva, que se encuentra en la cima de la colina. La cueva es impresionante, con estalactitas y estalagmitas que se forman en las paredes y el techo. Los visitantes pueden explorar la cueva y ver las estatuas de buda y otros símbolos religiosos que se encuentran en su interior.

Además de la cueva, el Templo de la Cueva del Tigre cuenta con varias áreas sagradas al aire libre. Los visitantes pueden ver estatuas de buda y otros símbolos religiosos, así como disfrutar de las impresionantes vistas del campo circundante y del mar de Andamán.

Una de las atracciones más populares del Templo de la Cueva del Tigre es la estatua del Buda Dorado, que se encuentra en la cima de la colina. La estatua mide 18 metros de altura y es impresionante de ver. Los visitantes pueden hacer una pausa en la subida y disfrutar de las vistas desde la base de la estatua.

Es importante tener en cuenta que el Templo de la Cueva del Tigre es un lugar sagrado y respetado en Tailandia, y se espera que los visitantes se comporten con respeto y dignidad. Los visitantes deben vestirse de manera adecuada, cubriendo los hombros y las piernas, y deben evitar hacer ruido o tomar fotografías en áreas donde no se permite.

5.13. Excursión a la cascada de Erawan en Kanchanaburi

La cascada de Erawan es una hermosa atracción turística situada en el Parque Nacional de Erawan, en la provincia de Kanchanaburi, en el oeste de Tailandia. La cascada es conocida por sus aguas cristalinas y por las siete piscinas naturales que se forman a lo largo de su caída de 2.5 kilómetros.

El Parque Nacional de Erawan es uno de los destinos turísticos más populares de Tailandia, y la cascada de Erawan es su principal atracción. El parque abarca una enorme extensión de selva tropical y es el hogar de una gran variedad de flora y fauna.

La cascada de Erawan está formada por siete piscinas naturales, cada una de las cuales es más hermosa que la anterior. Las piscinas están conectadas por una serie de cascadas y senderos, que ofrecen vistas espectaculares del paisaje circundante.

La primera piscina es la más fácil de alcanzar, y es un lugar popular para nadar y relajarse. Las siguientes piscinas se van volviendo más difíciles de alcanzar, y requieren un poco más de esfuerzo y habilidad para llegar. Cada piscina es más hermosa que la anterior, y los visitantes pueden disfrutar de vistas espectaculares del paisaje circundante desde cada una de ellas.

El sendero que lleva a la cascada de Erawan es una caminata moderadamente difícil de 2.5 kilómetros. El sendero está bien mantenido y es fácil de seguir, pero requiere una buena condición física y habilidad para caminar en un terreno rocoso y resbaladizo.

Además de la cascada de Erawan, el Parque Nacional de Erawan ofrece muchas otras actividades y atracciones. Algunas de las actividades más populares incluyen:

- **Trekking:** el parque tiene muchos senderos para caminar y explorar. Los visitantes pueden caminar por la selva y disfrutar de las vistas impresionantes del paisaje circundante.
- **Observación de aves:** el parque es el hogar de una gran variedad de especies de aves, incluyendo el cálao bicorne, el martín pescador y el faisán plateado.
- **Safaris nocturnos:** los visitantes pueden hacer un safari nocturno en el parque y ver la vida nocturna de la selva, incluyendo animales como el leopardo y el oso perezoso.
- **Visita a las cuevas de Phra That:** las cuevas de Phra That son un grupo de cuevas sagradas en el parque. Los visitantes pueden explorar las cuevas y ver las estatuas de buda y otros símbolos religiosos que se encuentran en su interior.
- **Rafting en el río Kwai:** el río Kwai es un destino popular para el rafting en Tailandia. Los visitantes pueden disfrutar de un emocionante viaje en balsa por el río y disfrutar del hermoso paisaje circundante.
- **Visita al puente del río Kwai:** el puente del río Kwai es un sitio histórico importante en Tailandia. Los visitantes pueden ver el puente y aprender sobre su historia durante la Segunda Guerra Mundial.

5.14. Ciudad antigua de Ayutthaya

La ciudad antigua de Ayutthaya es un sitio histórico en Tailandia, ubicado a unos 80 kilómetros al norte de Bangkok. Fue la capital del Reino de Ayutthaya, que gobernó Tailandia desde el siglo XIV hasta el siglo XVIII, y es uno de los destinos turísticos más populares del país.

El sitio histórico de Ayutthaya se encuentra en una isla rodeada por los ríos Chao Phraya, Lopburi y Pasak. La ciudad antigua fue construida en el siglo XIV y se convirtió en la capital del reino de Ayutthaya en 1350. Durante su apogeo, la ciudad fue uno de los centros culturales y comerciales más importantes de Asia, y albergó a más de un millón de habitantes.

La ciudad antigua de Ayutthaya fue declarada Patrimonio de la Humanidad por la UNESCO en 1991, y cuenta con una gran variedad de templos, palacios y otros edificios históricos. Algunos de los sitios más impresionantes incluyen:

- **El templo de Wat Mahathat:** este templo es uno de los más importantes de la ciudad antigua de Ayutthaya. Se cree que fue construido en el siglo XIV, y es conocido por su impresionante estupa, que se eleva a unos 50 metros de altura. El templo es también conocido por la famosa cabeza de buda que se encuentra en una de las raíces de un árbol cercano.
- **El palacio real de Bang Pa-In:** este hermoso palacio fue construido en el siglo XVII y es conocido por su impresionante arquitectura y hermosos jardines. El palacio cuenta con una gran variedad de edificios, incluyendo salones de audiencia, pabellones y jardines flotantes.
- **El templo de Wat Phra Si Sanphet:** este templo es uno de los más impresionantes de la ciudad antigua de Ayutthaya. Fue construido en el siglo XV y es conocido por sus tres grandes estupas, que se elevan a unos 40 metros de altura. El templo fue utilizado como capilla real durante el reinado de la dinastía Ayutthaya.
- **El templo de Wat Chaiwatthanaram:** este templo es uno de los más fotogénicos de la ciudad antigua de Ayutthaya. Fue construido en el siglo XVII y es conocido por sus impresionantes estupas y por sus hermosas vistas del río Chao Phraya.

Además de los templos y palacios, la ciudad antigua de Ayutthaya también cuenta con una gran variedad de museos, mercados y otras atracciones turísticas. Algunas de las actividades más populares incluyen:

- **El museo Chao Sam Phraya:** este museo es uno de los más importantes de la ciudad antigua de Ayutthaya. Cuenta con una gran variedad de artefactos históricos y exhibiciones sobre la historia y la cultura de la ciudad.
- **El mercado flotante de Ayutthaya:** este mercado es uno de los más populares de la ciudad antigua de Ayutthaya. Los visitantes pueden disfrutar de una gran variedad de productos locales, incluyendo frutas, verduras, pescado y artesanías.
- **El parque histórico de Ayutthaya:** este parque es una excelente manera de explorar la ciudad antigua de Ayutthaya. Los visitantes pueden alquilar bicicletas y recorrer el parque, visitando los diferentes templos y palacios a lo largo del camino.
- **El templo de Wat Lokaya Sutha:** este templo es uno de los más grandes de la ciudad antigua de Ayutthaya. Fue construido

en el siglo XIV y es conocido por su impresionante estatua de buda reclinada, que se eleva a unos 42 metros de largo.
- **El mercado nocturno de Ayutthaya:** este mercado es uno de los más populares de la ciudad antigua de Ayutthaya. Los visitantes pueden disfrutar de una gran variedad de comida local, incluyendo platos como el pad thai, el som tam y el khao soi.

5.15. Lago Cheow Lan en Khao Sok

El Lago Cheow Lan es uno de los destinos más impresionantes de Tailandia, situado en el Parque Nacional de Khao Sok. La región es conocida por su impresionante paisaje de montañas de piedra caliza que se elevan sobre el agua cristalina del lago.

El Lago Cheow Lan es un lago artificial creado por la construcción de una presa en el río Klong Saeng en 1982. El lago tiene una superficie de más de 160 kilómetros cuadrados y es el hogar de una gran variedad de flora y fauna. La región es conocida por su impresionante paisaje de montañas de piedra caliza que se elevan sobre el agua cristalina del lago.

La mejor manera de explorar el Lago Cheow Lan es en bote. Los visitantes pueden tomar un bote tradicional de cola larga o un bote de velocidad para explorar el lago y disfrutar de las vistas impresionantes de las montañas circundantes. Hay muchas actividades que se pueden hacer en el lago, como:

- **Kayak:** los visitantes pueden alquilar kayaks y explorar el lago por su cuenta. Esta es una gran manera de experimentar la belleza natural del lago y de ver la vida silvestre de cerca.
- **Natación:** el agua cristalina del lago es perfecta para nadar. Los visitantes pueden disfrutar de un refrescante chapuzón y disfrutar del paisaje circundante.
- **Pesca:** el lago es el hogar de una gran variedad de peces, como la carpa y el pez gato. Los visitantes pueden alquilar equipos de pesca y disfrutar de una tarde de pesca en el lago.
- **Senderismo:** hay muchos senderos para caminar y explorar en la región del Lago Cheow Lan. Los visitantes pueden caminar por la selva y experimentar la belleza natural de la región.
- **Observación de aves:** la región es el hogar de una gran variedad de especies de aves, incluyendo el martín pescador y el cálao bicorne. Los visitantes pueden disfrutar de la observación de aves y ver la vida silvestre de cerca.

6. Cultura y costumbres

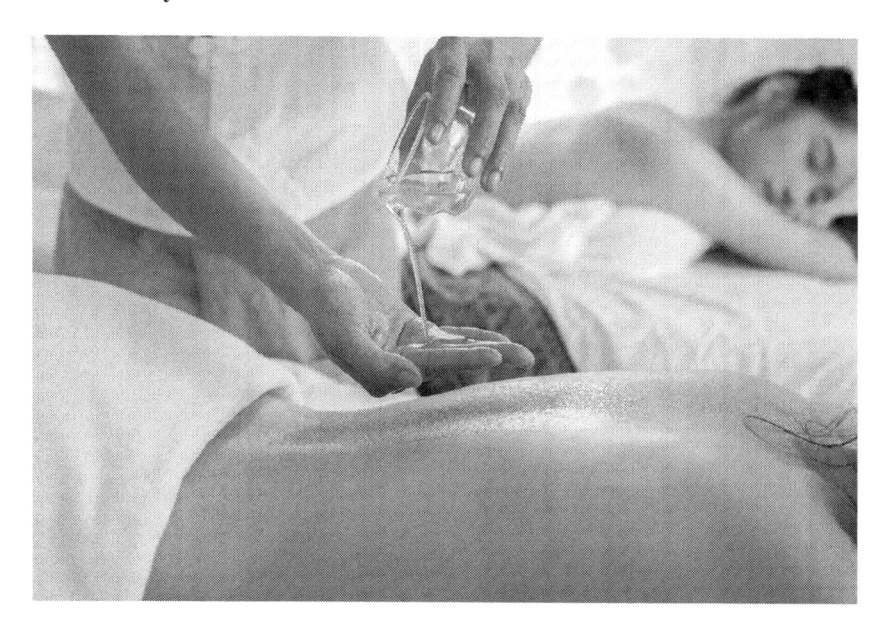

El capítulo "Cultura y costumbres" se enfoca en la rica herencia cultural y las tradiciones de Tailandia. La cultura tailandesa es una mezcla única de influencias indias, chinas y del sudeste asiático, y ha sido moldeada por la religión, la historia y la geografía del país.

En este capítulo, exploraremos la comida, la música, el arte y las prácticas religiosas de Tailandia, así como las costumbres y etiquetas sociales que son importantes para conocer al visitar el país.

6.1. Principales tradiciones tailandesas

La cultura tailandesa es conocida en todo el mundo por su rica herencia y tradiciones únicas. A continuación, se presentan algunas de las principales tradiciones tailandesas:

- **El budismo:** el budismo es la religión predominante en Tailandia, y tiene una gran influencia en la cultura y las tradiciones del país. El budismo tailandés se caracteriza por su enfoque en la meditación y la práctica de la virtud, y es practicado por más del 90% de la población del país.
- **Los festivales:** Tailandia cuenta con una gran variedad de festivales a lo largo del año. Algunos de los más importantes incluyen el Songkran, que celebra el Año Nuevo tailandés en

abril, y el Loy Krathong, que celebra el Festival de las Luces en noviembre. Durante estos festivales, los tailandeses suelen hacer ofrendas a los templos, compartir comida y bebida, y participar en actividades culturales y religiosas.
- **La comida:** la comida tailandesa es conocida en todo el mundo por su sabor único y sus ingredientes frescos. La comida tailandesa se caracteriza por su combinación de sabores dulces, salados, ácidos y picantes, y es una de las cocinas más populares y reconocidas en todo el mundo.
- **El masaje tailandés:** el masaje tailandés es una práctica popular en Tailandia, que se remonta a más de 2.500 años. El masaje tailandés se caracteriza por su combinación de técnicas de masaje y estiramientos, y se considera una forma de terapia que ayuda a aliviar el estrés y la tensión.
- **El boxeo tailandés:** el boxeo tailandés, también conocido como Muay Thai, es un deporte popular en Tailandia y en todo el mundo. El Muay Thai se caracteriza por su combinación de golpes y patadas, y es un deporte físico y emocionante que requiere habilidad y entrenamiento.
- **El arte y la artesanía:** Tailandia es conocida por su rica tradición artística y artesanal. La pintura, la escultura y la cerámica son algunas de las formas de arte más populares en el país, y se pueden encontrar en galerías y tiendas de todo el país. Las manualidades tailandesas, como las muñecas de tela, los cestos y los bordados, también son muy populares y se pueden encontrar en los mercados locales de todo el país.
- **La etiqueta social:** la etiqueta social es una parte importante de la cultura tailandesa. Los tailandeses valoran la cortesía y el respeto hacia los demás, y es importante mostrar estos valores en situaciones sociales y empresariales. La forma en que se viste, se comporta y se habla puede tener un gran impacto en la forma en que se percibe a una persona en la sociedad tailandesa.
- **El respeto a la monarquía:** la monarquía es una parte importante de la cultura y la historia de Tailandia, y es respetada y venerada en todo el país. Los tailandeses muestran su respeto a la monarquía a través de su lenguaje, su comportamiento y su vestimenta, y es importante mostrar un profundo respeto por la monarquía durante su visita a Tailandia.

6.2. Protocolo en Tailandia

El protocolo en Tailandia es una parte importante de la cultura y las costumbres del país. Los tailandeses valoran la cortesía, el respeto y la consideración hacia los demás, y es importante mostrar estos valores en todas las situaciones sociales y empresariales.

A continuación, se presentan algunas de las normas de protocolo más importantes en Tailandia:

Saludos y presentaciones

- Los tailandeses suelen saludar con una inclinación de la cabeza y las manos juntas en una posición de oración, conocida como "wai". La posición de las manos y la inclinación de la cabeza varían según el rango y la posición social de la persona que se saluda. Por lo general, cuanto más alto sea el rango o la posición social, mayor será la inclinación de la cabeza y las manos.
- Es importante saludar a las personas mayores y a las personas en posiciones de autoridad con un "wai" respetuoso. Los tailandeses también suelen saludar con un "wai" a los extranjeros, aunque no se espera que los extranjeros respondan de la misma manera.
- Al presentarse, es importante usar el título y el apellido de la persona que se presenta. Si no está seguro del título o apellido, es recomendable preguntar. Los tailandeses suelen presentarse con su nombre y su apellido, y pueden usar un apodo para referirse a sí mismos en situaciones informales.

Vestimenta y apariencia

- Los tailandeses valoran una apariencia limpia y ordenada, y es importante vestirse adecuadamente en situaciones formales y empresariales. En general, se espera que los hombres lleven traje y corbata, y que las mujeres lleven ropa formal o un vestido.
- En situaciones informales, es aceptable usar ropa más casual, pero es importante vestirse de manera limpia y ordenada. Es recomendable evitar usar ropa con imágenes o mensajes ofensivos o inapropiados.
- Es importante quitarse los zapatos antes de entrar en una casa o en un templo. En algunos lugares, también puede ser necesario cubrirse los hombros y las piernas antes de entrar.

Comportamiento y etiqueta social

- Los tailandeses valoran la cortesía y el respeto hacia los demás, y es importante mostrar estos valores en todas las situaciones sociales y empresariales. Es recomendable evitar hacer críticas directas o confrontaciones, y en su lugar, utilizar un lenguaje suave y educado para expresar cualquier problema o preocupación.
- Es importante mostrar respeto hacia la monarquía y la religión en Tailandia. Los tailandeses valoran profundamente la monarquía y la religión budista, y es importante evitar cualquier crítica o comentario despectivo hacia estos temas.
- Los tailandeses valoran la puntualidad y es importante llegar a tiempo a las reuniones y eventos. Si se espera llegar tarde, es importante informar a la otra persona con anticipación.
- Es recomendable evitar mostrar enojo o frustración en público, ya que esto puede ser considerado una falta de respeto hacia los demás. En su lugar, es recomendable mostrar paciencia y comprensión, y tratar de resolver cualquier problema de manera tranquila y diplomática.

Regalos y ofrendas

- Los regalos y ofrendas son una parte importante de la cultura y las costumbres en Tailandia. Los tailandeses suelen dar regalos para expresar gratitud, respeto o amistad.
- Es importante envolver los regalos de manera atractiva y presentarlos con ambas manos. Los regalos no deben ser abiertos inmediatamente, ya que esto puede ser considerado una falta de respeto hacia el donante.
- Es recomendable evitar dar relojes, tijeras o artículos afilados como regalos, ya que estos pueden ser considerados de mala suerte. Los regalos deben estar bien pensados y adaptados a la persona que se está dando.
- Es común hacer ofrendas a los templos y monjes en Tailandia. Las ofrendas pueden incluir alimentos, flores o dinero, y se hacen como muestra de respeto y devoción.

7. Actividades al aire libre

El capítulo "Actividades al aire libre" se enfoca en las emocionantes opciones que ofrece Tailandia para los amantes de la naturaleza y los deportes al aire libre. Desde la exploración de los parques nacionales hasta los deportes acuáticos en los hermosos lagos, Tailandia tiene algo que ofrecer para todos los gustos y niveles de habilidad. A continuación, se presentan algunas de las actividades más populares para disfrutar al aire libre en Tailandia.

7.1. Senderismo en Chiang Mai

Chiang Mai es uno de los destinos más populares de Tailandia para los amantes del senderismo y el trekking. La región cuenta con una gran variedad de senderos y rutas de trekking que ofrecen impresionantes vistas de las montañas y la selva circundantes, así como la oportunidad de experimentar la cultura y la vida rural de Tailandia.

A continuación, se presentan algunas de las rutas de senderismo más populares en Chiang Mai:

- **Doi Inthanon:** Doi Inthanon es la montaña más alta de Tailandia, con una altura de 2.565 metros sobre el nivel del mar.

La región cuenta con una gran variedad de senderos y rutas de trekking que ofrecen impresionantes vistas de las montañas y la selva circundantes, así como la oportunidad de experimentar la cultura y la vida rural de Tailandia. Los visitantes pueden elegir entre una variedad de rutas, desde caminatas cortas de un día hasta caminatas más largas de varios días.

- **Doi Suthep:** la montaña Doi Suthep se encuentra justo al lado de Chiang Mai y es una de las rutas de senderismo más populares en la región. La ruta ofrece impresionantes vistas de la ciudad de Chiang Mai y la oportunidad de experimentar la cultura y la vida rural de Tailandia. Los visitantes pueden elegir entre una variedad de rutas, desde caminatas cortas de un día hasta caminatas más largas de varios días.
- **Doi Pui:** la montaña Doi Pui se encuentra en el Parque Nacional de Doi Suthep-Pui y es otra de las rutas de senderismo más populares en la región. La ruta ofrece impresionantes vistas de la selva circundante y la oportunidad de experimentar la cultura y la vida rural de Tailandia. Los visitantes pueden elegir entre una variedad de rutas, desde caminatas cortas de un día hasta caminatas más largas de varios días.
- **El Gran Cañón de Chiang Mai:** el Gran Cañón de Chiang Mai es una impresionante formación rocosa que se encuentra a unos 40 kilómetros al sur de Chiang Mai. La zona cuenta con una gran variedad de rutas de senderismo y trekking que ofrecen impresionantes vistas del cañón y la selva circundante. Los visitantes pueden elegir entre una variedad de rutas, desde caminatas cortas de un día hasta caminatas más largas de varios días.

Además de las rutas de senderismo, Chiang Mai también cuenta con una gran variedad de actividades al aire libre para los visitantes. Algunas de las actividades más populares incluyen:

- **Paseos en bicicleta:** los visitantes pueden alquilar bicicletas y recorrer el campo de Chiang Mai, experimentando la cultura y la vida rural de Tailandia.
- **Paseos en elefante:** los visitantes pueden montar en elefante y explorar la selva tailandesa en una forma única y emocionante.
- **Visitas a las tribus de las colinas:** Chiang Mai es el hogar de muchas tribus de las colinas, cada una con su propia cultura y tradiciones. Los visitantes pueden visitar estas tribus y experimentar la vida rural de Tailandia de primera mano.
- **Campamentos:** los visitantes pueden acampar en la selva tailandesa y experimentar la naturaleza de cerca. Hay muchas

opciones de campamento disponibles en la región, desde campamentos básicos hasta campamentos de lujo.
- **Deportes acuáticos:** Chiang Mai cuenta con una gran variedad de ríos y lagos, lo que la convierte en un destino popular para los deportes acuáticos como el rafting y el kayak.

7.2. Buceo en Koh Tao

Koh Tao es uno de los destinos más populares de Tailandia para el buceo. La isla cuenta con una gran variedad de sitios de buceo y escuelas de buceo que ofrecen experiencias inolvidables para los visitantes.

La vida marina en Koh Tao es impresionante y diversa, con una gran variedad de especies de peces, corales y vida marina. Los visitantes pueden esperar ver peces payaso, barracudas, rayas, tiburones, pulpos y mucho más durante sus inmersiones.

A continuación, se presentan algunas de las mejores opciones de buceo en Koh Tao:

- **Chumphon Pinnacle:** Chumphon Pinnacle es uno de los sitios de buceo más populares de Koh Tao. El sitio cuenta con una gran variedad de vida marina, incluyendo tiburones, barracudas y rayas. La inmersión en Chumphon Pinnacle suele ser profunda, con una profundidad máxima de alrededor de 30 metros.
- **Southwest Pinnacle:** Southwest Pinnacle es otro sitio de buceo popular en Koh Tao. El sitio cuenta con una gran variedad de vida marina, incluyendo tiburones, barracudas y rayas. La inmersión en Southwest Pinnacle suele ser profunda, con una profundidad máxima de alrededor de 30 metros.
- **Sail Rock:** Sail Rock es un sitio de buceo popular en Koh Tao, ubicado a unos 45 minutos en barco de la isla. El sitio cuenta con una gran variedad de vida marina, incluyendo tiburones ballena, barracudas y rayas. La inmersión en Sail Rock suele ser profunda, con una profundidad máxima de alrededor de 40 metros.
- **Shark Island:** Shark Island es un sitio de buceo popular en Koh Tao, ubicado a unos 20 minutos en barco de la isla. El sitio cuenta con una gran variedad de vida marina, incluyendo tiburones, barracudas y rayas. La inmersión en Shark Island suele ser menos profunda que en otros sitios, con una profundidad máxima de alrededor de 20 metros.

- **HTMS Sattakut:** HTMS Sattakut es un sitio de buceo popular en Koh Tao, ubicado cerca de la costa de la isla. El sitio cuenta con una gran variedad de vida marina, incluyendo tiburones, barracudas y rayas. Lo más destacado de este sitio es el naufragio del barco HTMS Sattakut, que se encuentra a una profundidad máxima de alrededor de 30 metros.

Las escuelas de buceo en Koh Tao ofrecen cursos para principiantes y para buceadores experimentados. Los cursos para principiantes suelen durar alrededor de tres días y enseñan las habilidades básicas necesarias para bucear de manera segura. Los cursos para buceadores experimentados ofrecen la oportunidad de mejorar las habilidades existentes y explorar nuevos sitios de buceo en Koh Tao.

Además del buceo, Koh Tao también cuenta con una gran variedad de actividades acuáticas para los visitantes. Algunas de las actividades más populares incluyen:

- **Kayak:** los visitantes pueden alquilar kayaks y explorar la costa de Koh Tao, experimentando la belleza natural de la isla de cerca.
- **Stand-up paddleboarding:** el stand-up paddleboarding es una actividad popular en Koh Tao, que ofrece una forma única de explorar la costa de la isla.
- **Snorkel:** los visitantes pueden alquilar equipo de snorkel y explorar los arrecifes de coral de Koh Tao, experimentando la vida marina de cerca.
- **Pesca:** la pesca es una actividad popular en Koh Tao, y los visitantes pueden alquilar equipos de pesca y disfrutar de una tarde de pesca en el agua cristalina de la isla.
- **Paseos en barco:** los visitantes pueden tomar un barco y explorar la costa de Koh Tao, disfrutando de las vistas impresionantes de la isla y la vida marina circundante.

7.3. Paseo en elefante en Chiang Mai

Los paseos en elefante son una actividad popular en Chiang Mai, y ofrecen una forma única e inolvidable de explorar la selva y la naturaleza circundante. Durante la actividad, los visitantes pueden montar en elefantes entrenados y experimentar la vida rural de Tailandia de primera mano.

Antes de empezar el paseo, los visitantes suelen recibir un breve entrenamiento sobre cómo montar en elefante y cómo comunicarse con el animal. Los elefantes son animales inteligentes y sensibles, y es importante tratarlos con respeto y cuidado durante la actividad.

Durante el paseo, los visitantes pueden experimentar la belleza de la selva tailandesa y la vida rural de Tailandia. Los elefantes suelen caminar por senderos estrechos y empinados, y los visitantes pueden disfrutar de las vistas impresionantes de la selva circundante.

Después del paseo, los visitantes pueden disfrutar de una comida tradicional tailandesa y aprender más sobre la cultura y la vida rural de Tailandia. Los paseos en elefante son una actividad emocionante y educativa que ofrece una experiencia única e inolvidable para los visitantes de Chiang Mai.

Es importante señalar que en los últimos años ha habido una creciente preocupación sobre el bienestar de los elefantes en la industria del turismo en Tailandia. Muchos elefantes han sido sometidos a maltrato y condiciones inhumanas, y es importante elegir una empresa de paseo en elefante que trate a los elefantes de manera ética y respetuosa. Antes de reservar un paseo en elefante, es recomendable investigar sobre la empresa y asegurarse de que trate a los elefantes con el respeto y el cuidado que se merecen.

7.4. Surf en Phuket

Phuket es uno de los mejores destinos de surf en Tailandia, con una gran variedad de playas y lugares de surf para elegir. La isla cuenta con olas de calidad para surfistas de todos los niveles, desde principiantes hasta expertos.

Las mejores épocas para surfear en Phuket son de mayo a septiembre, cuando el viento y las olas son más fuertes. Durante esta época, los surfistas pueden esperar olas de hasta 2 metros en algunas de las playas más populares.

A continuación, se presentan algunas de las mejores playas para surfear en Phuket:

- **Kata Beach:** Kata Beach es una de las playas más populares para surfear en Phuket. La playa cuenta con olas de calidad para surfistas de todos los niveles, desde principiantes hasta expertos. Las olas son más fuertes durante la temporada de lluvias, de mayo a septiembre.

- **Kalim Beach:** Kalim Beach es otra de las playas populares para surfear en Phuket. La playa cuenta con olas de calidad para surfistas de todos los niveles, desde principiantes hasta expertos. Las olas son más fuertes durante la temporada de lluvias, de mayo a septiembre.
- **Nai Harn Beach:** Nai Harn Beach es una playa menos conocida para surfear en Phuket, pero ofrece olas de calidad para surfistas de nivel intermedio y avanzado. Las olas son más fuertes durante la temporada de lluvias, de mayo a septiembre.
- **Surin Beach:** Surin Beach es otra playa popular para surfear en Phuket. La playa cuenta con olas de calidad para surfistas de nivel intermedio y avanzado. Las olas son más fuertes durante la temporada de lluvias, de mayo a septiembre.

Además del surf, Phuket también cuenta con una gran variedad de actividades acuáticas para los visitantes. Algunas de las actividades más populares incluyen:

- **Kayak:** los visitantes pueden alquilar kayaks y explorar las hermosas bahías y playas de Phuket, experimentando la belleza natural de la isla de cerca.
- **Paseos en lancha:** los visitantes pueden tomar un barco y explorar la costa de Phuket, disfrutando de las vistas impresionantes de la isla y la vida marina circundante.
- **Pesca:** la pesca es una actividad popular en Phuket, y los visitantes pueden alquilar equipos de pesca y disfrutar de una tarde de pesca en el agua cristalina de la isla.
- **Buceo y snorkel:** Phuket cuenta con una gran variedad de sitios de buceo y snorkel que ofrecen impresionantes vistas de la vida marina de Tailandia.
- **Deportes acuáticos:** Phuket cuenta con una gran variedad de deportes acuáticos, como el esquí acuático, el wakeboarding y el parapente acuático.

7.5. Escalada en Railay

Railay es uno de los destinos más populares de Tailandia para la escalada en roca. La región cuenta con una gran variedad de formaciones rocosas únicas y desafiantes, así como una comunidad vibrante de escaladores de todo el mundo.

La escalada en Railay se divide en tres áreas principales: East Railay, West Railay y Tonsai. East Railay es conocida por sus rutas de escalada en roca más fáciles y es un buen lugar para los escaladores principiantes. West Railay es conocida por sus rutas de escalada en roca más desafiantes, y es un buen lugar para los escaladores más experimentados. Tonsai es conocida por sus rutas de escalada en roca más difíciles y es un lugar popular para los escaladores de nivel experto.

La mayoría de las rutas de escalada en Railay son de dificultad moderada a difícil, aunque también hay algunas rutas más fáciles para los escaladores principiantes. Las rutas de escalada en Railay suelen ser de una longitud de 20-30 metros, aunque también hay algunas rutas más largas para los escaladores más experimentados.

Antes de empezar a escalar en Railay, es importante asegurarse de tener el equipo adecuado. Los escaladores necesitarán un arnés, casco, zapatos de escalada y un mosquetón. Muchos escaladores también utilizan una cuerda de escalada y una cuerda dinámica para asegurarse mientras escalan.

Además de la escalada en roca, Railay también cuenta con una gran variedad de actividades al aire libre para los visitantes. Algunas de las actividades más populares incluyen:

- **Kayak:** los visitantes pueden alquilar kayaks y explorar la costa de Railay, experimentando la belleza natural de la región de cerca.
- **Paseos en lancha:** los visitantes pueden tomar un barco y explorar la costa de Railay, disfrutando de las vistas impresionantes de la región y la vida marina circundante.
- **Snorkel:** los visitantes pueden alquilar equipo de snorkel y explorar los arrecifes de coral de Railay, experimentando la vida marina de cerca.
- **Senderismo:** Railay cuenta con una gran variedad de senderos y rutas de trekking que ofrecen impresionantes vistas de la región circundante. Los visitantes pueden explorar la selva de Railay y experimentar la belleza natural de la región de cerca.
- **Spa y masajes:** Railay cuenta con una gran variedad de spas y centros de masajes que ofrecen una forma relajante y rejuvenecedora de pasar el tiempo después de un día de escalada o actividades al aire libre.

7.6. Avistamiento de aves en Khao Yai National Park

El Parque Nacional Khao Yai es uno de los mejores lugares de Tailandia para el avistamiento de aves. El parque cuenta con una gran variedad de hábitats, desde selvas hasta praderas y montañas, lo que lo convierte en un lugar ideal para la observación de aves.

A continuación, se presentan algunas de las especies de aves que se pueden encontrar en el Parque Nacional Khao Yai:

- **Hornbill oriental:** el hornbill oriental es una de las especies más grandes y llamativas de aves que se pueden encontrar en el Parque Nacional Khao Yai. El hornbill oriental tiene un plumaje negro y blanco y un pico grande y curvo. Los visitantes pueden esperar ver esta impresionante ave en los árboles altos y en las áreas boscosas del parque.
- **Pitta india:** la pitta india es una de las especies más hermosas de aves que se pueden encontrar en el Parque Nacional Khao Yai. La pitta india tiene un plumaje de color verde y azul brillante y una mancha roja en el pecho. Los visitantes pueden esperar ver esta impresionante ave en el suelo del bosque, donde se alimenta de insectos y otros pequeños animales.
- **Águila crestada:** el águila crestada es una de las especies más grandes y majestuosas de aves que se pueden encontrar en el Parque Nacional Khao Yai. El águila crestada tiene un plumaje marrón oscuro y una cresta prominente en la cabeza. Los visitantes pueden esperar ver esta impresionante ave volando en el cielo y cazando en las áreas boscosas del parque.
- **Martín pescador de pecho blanco:** el martín pescador de pecho blanco es una de las especies más hermosas de aves que se pueden encontrar en el Parque Nacional Khao Yai. El martín pescador de pecho blanco tiene un plumaje de color verde y azul brillante y una mancha blanca en el pecho. Los visitantes pueden esperar ver esta impresionante ave en las áreas cercanas al agua, donde se alimenta de peces y otros pequeños animales acuáticos.
- **Cuervo de cuello blanco:** el cuervo de cuello blanco es una de las especies más comunes de aves que se pueden encontrar en el Parque Nacional Khao Yai. El cuervo de cuello blanco tiene un plumaje negro y un cuello blanco distintivo. Los visitantes pueden esperar ver esta ave en los árboles y en las áreas boscosas del parque.

Para mejorar la experiencia de avistamiento de aves, se recomienda a los visitantes contratar a un guía local que tenga conocimiento y experiencia en la observación de aves en el parque. Los guías pueden señalar las mejores áreas para encontrar diferentes especies de aves y pueden proporcionar información útil sobre el comportamiento y la ecología de las aves.

Es importante señalar que los visitantes deben respetar la naturaleza y la vida silvestre en el Parque Nacional Khao Yai. Los visitantes deben mantenerse en los senderos designados y no molestar a las aves u otros animales. También se recomienda a los visitantes llevar binoculares y cámaras para capturar las impresionantes vistas de las aves en su hábitat natural.

7.7. Rafting en el río Mae Taeng en Chiang Mai

El rafting en el río Mae Taeng en Chiang Mai es una actividad emocionante y popular para los visitantes de Tailandia. El río Mae Taeng es uno de los mejores ríos para rafting en Tailandia, con rápidos emocionantes y vistas impresionantes de la selva circundante.

El rafting en el río Mae Taeng se divide en diferentes niveles de dificultad, desde principiantes hasta expertos. Los visitantes pueden elegir entre diferentes rutas de rafting, dependiendo de su nivel de habilidad y experiencia.

La mayoría de las rutas de rafting en el río Mae Taeng duran aproximadamente medio día, y los visitantes pueden esperar pasar varias horas en el agua. Durante el rafting, los visitantes pueden disfrutar de la emoción de descender rápidos emocionantes y experimentar la belleza natural de la selva tailandesa.

Antes de empezar el rafting, los visitantes reciben una breve orientación sobre cómo manejar el bote y cómo seguir las instrucciones del guía. Los guías de rafting son experimentados y están capacitados para garantizar la seguridad de los visitantes durante la actividad.

Además del rafting, Chiang Mai también cuenta con una gran variedad de actividades al aire libre para los visitantes. Algunas de las actividades más populares incluyen:

- **Paseos en bicicleta:** los visitantes pueden alquilar bicicletas y recorrer el campo de Chiang Mai, experimentando la cultura y la vida rural de Tailandia.
- **Visitas a las tribus de las colinas:** Chiang Mai es el hogar de muchas tribus de las colinas, cada una con su propia cultura y tradiciones. Los visitantes pueden visitar estas tribus y experimentar la vida rural de Tailandia de primera mano.

- **Campamentos:** los visitantes pueden acampar en la selva tailandesa y experimentar la naturaleza de cerca. Hay muchas opciones de campamento disponibles en la región, desde campamentos básicos hasta campamentos de lujo.
- **Deportes acuáticos:** Chiang Mai cuenta con una gran variedad de ríos y lagos, lo que la convierte en un destino popular para los deportes acuáticos como el kayak y el rafting.

8. Vida nocturna

En Tailandia, la vida nocturna es vibrante y emocionante. Desde bares y clubes hasta espectáculos culturales y gastronomía, hay algo para todos los gustos en las ciudades más grandes del país. Bangkok es conocida por sus clubes de música electrónica y sus bares en los rascacielos con vistas impresionantes de la ciudad. Chiang Mai es famosa por sus bares y pubs con música en vivo y una atmosfera relajada. En Phuket, los visitantes pueden disfrutar de fiestas en la playa y espectáculos culturales tradicionales.

En este capítulo, exploraremos algunas de las mejores opciones de vida nocturna en Tailandia para que pueda disfrutar al máximo de su experiencia en el país.

8.1. Principales clubes y bares

En Tailandia, la vida nocturna es vibrante y emocionante, con opciones para todos los gustos. Desde bares y clubes hasta espectáculos culturales y gastronomía, las ciudades más grandes del país ofrecen una amplia variedad de opciones para quienes buscan divertirse por la noche.

En esta sección, exploraremos algunas de las principales opciones de clubes y bares en Tailandia.

Bangkok

- **Levels:** Levels es uno de los clubes de música electrónica más populares de Bangkok, conocido por su impresionante ambiente y su excelente música. El club cuenta con varios pisos, cada uno con su propia pista de baile y bar. Levels es el lugar perfecto para aquellos que buscan una experiencia de clubbing en Bangkok.
- **Sky Bar:** El Sky Bar es uno de los bares más impresionantes de Bangkok, situado en el piso 63 del hotel Lebua State Tower. El bar ofrece vistas impresionantes de la ciudad y es conocido por su ambiente sofisticado y su excelente selección de cócteles. El Sky Bar es el lugar perfecto para aquellos que buscan una experiencia de bar en altura en Bangkok.
- **Ce La Vi:** Ce La Vi es otro de los bares en altura más populares de Bangkok, situado en el piso 39 del hotel Sathorn Square. El bar cuenta con impresionantes vistas de la ciudad y es conocido por su ambiente sofisticado y su excelente selección de cócteles. Ce La Vi es el lugar perfecto para aquellos que buscan una experiencia de bar en altura en Bangkok.
- **Sing Sing Theater:** El Sing Sing Theater es uno de los clubes más populares de Bangkok, conocido por su ambiente de estilo asiático y su excelente música. El club cuenta con una decoración impresionante y una pista de baile animada, y es el lugar perfecto para aquellos que buscan una experiencia de clubbing única en Bangkok.

Chiang Mai

- **Zoe in Yellow:** Zoe in Yellow es uno de los bares más populares de Chiang Mai, conocido por su ambiente animado y su excelente selección de bebidas. El bar cuenta con una gran pista de baile al aire libre y es el lugar perfecto para aquellos que buscan una experiencia de bar animada en Chiang Mai.
- **Warm Up:** Warm Up es otro de los bares más populares de Chiang Mai, conocido por su ambiente relajado y su excelente selección de bebidas. El bar cuenta con una gran terraza al aire libre y es el lugar perfecto para aquellos que buscan una experiencia de bar relajada en Chiang Mai.
- **Infinity Club:** Infinity Club es uno de los clubes más populares de Chiang Mai, conocido por su ambiente animado y su excelente música. El club cuenta con una gran pista de baile y es el lugar perfecto para aquellos que buscan una experiencia de clubbing en Chiang Mai.

Phuket

- **Illuzion:** Illuzion es uno de los clubes más populares de Phuket, conocido por su ambiente animado y su excelente música. El club cuenta con una gran pista de baile y es el lugar perfecto para aquellos que buscan una experiencia de clubbing en Phuket.
- **White Room:** White Room es otro de los clubes más populares de Phuket, conocido por su ambiente sofisticado y su excelente música. El club cuenta con una decoración impresionante y una gran pista de baile, y es el lugar perfecto para aquellos que buscan una experiencia de clubbing única en Phuket.
- **Seduction:** Seduction es uno de los clubes más populares de Phuket, conocido por su ambiente animado y su excelente música. El club cuenta con una gran pista de baile y es el lugar perfecto para aquellos que buscan una experiencia de clubbing en Phuket.

8.2. Principales fiestas en la playa

Tailandia es conocida por sus fiestas en la playa, que atraen a visitantes de todo el mundo. Las fiestas en la playa son una excelente manera de experimentar la cultura y la vida nocturna de Tailandia, mientras disfrutas del sol y la playa. A continuación, se presentan algunas de las principales fiestas en la playa de Tailandia:

Full Moon Party en Koh Phangan

La Full Moon Party es una fiesta en la playa que se celebra en la isla de Koh Phangan durante la luna llena. La fiesta es conocida por su ambiente animado y su excelente música, y atrae a miles de visitantes de todo el mundo.

Durante la Full Moon Party, la playa de Haad Rin se llena de puestos de comida, bares y escenarios de música. Los visitantes pueden disfrutar de una amplia variedad de bebidas y comidas, mientras bailan al ritmo de la música.

La Full Moon Party es una experiencia única y emocionante, que no te puedes perder si estás en Tailandia durante la luna llena.

Half Moon Party en Koh Phangan

La Half Moon Party es una fiesta en la playa que se celebra en la isla de Koh Phangan durante la mitad del ciclo lunar. La fiesta es conocida por su ambiente animado y su excelente música, y ofrece una experiencia única para los visitantes.

Durante la Half Moon Party, la playa se transforma en un mundo de luces y sonidos, con escenarios de música, puestos de comida y bebida, y una gran pista de baile. Los visitantes pueden disfrutar de una amplia variedad de bebidas y comidas, mientras bailan al ritmo de la música.

La Half Moon Party es una experiencia emocionante y única, que no te puedes perder si estás en Tailandia durante la mitad del ciclo lunar.

Black Moon Party en Koh Phangan

La Black Moon Party es una fiesta en la playa que se celebra en la isla de Koh Phangan durante la luna nueva. La fiesta es conocida por su ambiente animado y su excelente música, y ofrece una experiencia única para los visitantes.

Durante la Black Moon Party, la playa se transforma en un mundo de luces y sonidos, con escenarios de música, puestos de comida y bebida, y una gran pista de baile. Los visitantes pueden disfrutar de una amplia variedad de bebidas y comidas, mientras bailan al ritmo de la música.

La Black Moon Party es una experiencia emocionante y única, que no te puedes perder si estás en Tailandia durante la luna nueva.

Half Moon Festival en Koh Phangan

La Half Moon Festival es una fiesta en la playa que se celebra en la isla de Koh Phangan durante la mitad del ciclo lunar. La fiesta es conocida por su ambiente animado y su excelente música, y ofrece una experiencia única para los visitantes.

Durante la Half Moon Festival, la playa se transforma en un mundo de luces y sonidos, con escenarios de música, puestos de comida y bebida, y una gran pista de baile. Los visitantes pueden disfrutar de una amplia variedad de bebidas y comidas, mientras bailan al ritmo de la música.

La Half Moon Festival es una experiencia emocionante y única, que no te puedes perder si estás en Tailandia durante la mitad del ciclo lunar.

Jungle Experience en Koh Phangan

La Jungle Experience es una fiesta en la playa que se celebra en la isla de Koh Phangan en medio de la selva. La fiesta es conocida por su ambiente animado y su excelente música, y ofrece una experiencia única para los visitantes.

Durante la Jungle Experience, la playa se transforma en un mundo de luces y sonidos, con escenarios de música, puestos de comida y bebida, y una gran pista de baile. Los visitantes pueden disfrutar de una amplia variedad de bebidas y comidas, mientras bailan al ritmo de la música.

La Jungle Experience es una experiencia emocionante y única, que no te puedes perder si estás en Tailandia y te apetece disfrutar de una fiesta en la selva.

Moon Set Party en Koh Samui

La Moon Set Party es una fiesta en la playa que se celebra en la isla de Koh Samui durante la puesta de sol. La fiesta es conocida por su ambiente animado y relajado, y ofrece una experiencia única para los visitantes.

Durante la Moon Set Party, la playa se llena de puestos de comida y bebida, y los visitantes pueden disfrutar de una amplia variedad de comidas y bebidas mientras disfrutan de la puesta de sol. Después de la puesta de sol, la fiesta continúa con música en vivo y una gran pista de baile.

La Moon Set Party es una experiencia única y relajada, que no te puedes perder si estás en Tailandia y te apetece disfrutar de una fiesta durante la puesta de sol en la playa.

Half Moon Festival en Koh Samui

La Half Moon Festival es una fiesta en la playa que se celebra en la isla de Koh Samui durante la mitad del ciclo lunar. La fiesta es conocida por su ambiente animado y su excelente música, y ofrece una experiencia única para los visitantes.

Durante la Half Moon Festival, la playa se transforma en un mundo de luces y sonidos, con escenarios de música, puestos de comida y bebida, y una gran pista de baile. Los visitantes pueden disfrutar de una amplia variedad de bebidas y comidas, mientras bailan al ritmo de la música.

La Half Moon Festival es una experiencia emocionante y única, que no te puedes perder si estás en Koh Samui durante la mitad del ciclo lunar.

9. Información adicional

En este capítulo encontrarás información adicional sobre Tailandia que puede ser útil para planificar tu viaje. Esperamos que esta información te ayude a disfrutar al máximo de tu viaje a Tailandia.

9.1. Cómo ahorrar dinero en Tailandia

Tailandia es un destino turístico popular en el sudeste asiático, conocido por sus hermosas playas, templos antiguos, comida deliciosa y vida nocturna vibrante. Sin embargo, como en cualquier destino turístico, los costos pueden sumar rápidamente si no se planifica bien. A continuación, te ofrecemos algunos consejos para ahorrar dinero durante tu viaje a Tailandia:

- **Usa el transporte público:** El transporte público en Tailandia es muy asequible y confiable. En Bangkok, el sistema de transporte público incluye el metro, el autobús y el tren elevado (BTS). En otras ciudades, el transporte público puede incluir autobuses, tuk-tuks y mototaxis. Los precios son mucho más bajos que los taxis y los conductores de transporte público están acostumbrados a trabajar con turistas.

- **Usa Grab:** Grab es la versión asiática de Uber que opera en Tailandia. Es una forma segura y asequible de moverse por la ciudad. Los precios son generalmente más bajos que los taxis, y los conductores suelen ser más amables y serviciales.
- **Alquila una moto o bicicleta:** Si estás interesado en explorar las áreas rurales de Tailandia, considera alquilar una moto o bicicleta. Es la forma más económica y flexible de moverse. Sin embargo, ten en cuenta que las carreteras en Tailandia pueden ser peligrosas, por lo que siempre debes usar casco y conducir con precaución.
- **Elige alojamiento asequible:** Tailandia ofrece una amplia variedad de alojamientos, desde hostales económicos hasta hoteles de lujo. Si estás buscando ahorrar dinero, elige alojamientos más económicos. Los hostales y los hoteles económicos son ideales para los viajeros que buscan ahorrar dinero en alojamiento.
- **Compara precios en línea:** Antes de reservar tu alojamiento, compara precios en línea en sitios web como Booking.com o Agoda. Estos sitios suelen ofrecer descuentos y ofertas especiales que pueden ahorrarte dinero.
- **Aprovecha las ofertas fuera de temporada:** Si puedes viajar fuera de temporada alta, puedes ahorrar mucho dinero en alojamiento. Los precios son generalmente más bajos durante la temporada baja y hay más disponibilidad de alojamiento.
- **Come en los mercados locales:** Los mercados locales son una excelente opción para probar la deliciosa comida tailandesa a precios asequibles. Los platos típicos incluyen pad thai, curries y arroz frito. Los precios suelen ser mucho más bajos que en los restaurantes turísticos.
- **Compra comida en la calle:** La comida callejera es muy popular en Tailandia y es una excelente opción para probar la comida local a precios asequibles. Los puestos de comida callejera ofrecen una amplia variedad de platos, desde brochetas de pollo hasta sopa de fideos.
- **Evita los restaurantes turísticos:** Los restaurantes turísticos suelen ser más caros que los locales. Si quieres ahorrar dinero, evita los restaurantes turísticos y busca opciones más asequibles.
- **Busca actividades gratuitas o económicas:** Tailandia ofrece una amplia variedad de actividades gratuitas o económicas. Puedes visitar templos antiguos, caminar por la ciudad o hacer senderismo en las montañas. También hay muchos parques nacionales que ofrecen actividades al aire libre a precios asequibles.

- **Compra entradas en línea:** Si planeas visitar atracciones turísticas populares, considera comprar tus entradas en línea. Muchas atracciones ofrecen descuentos si compras tus entradas con anticipación en línea.
- **Negocia los precios:** Si estás interesado en comprar souvenirs o contratar un guía turístico, no te olvides de negociar los precios. Los vendedores y guías turísticos suelen estar dispuestos a negociar, especialmente si estás comprando en grandes cantidades.
- **Bebe agua del grifo:** En Tailandia, el agua del grifo no es segura para beber. Sin embargo, puedes ahorrar dinero comprando agua embotellada en tiendas locales en lugar de comprarla en los hoteles o restaurantes.
- **Regatea:** En Tailandia, regatear es una parte importante de la cultura. Si estás comprando en mercados locales o tiendas callejeras, no te olvides de regatear. Puedes ahorrar mucho dinero si eres un buen negociador.
- **Evita los cargos adicionales:** Algunos restaurantes y hoteles pueden cobrar cargos adicionales, como cargos por servicio o cargos por tarjeta de crédito. Asegúrate de leer la letra pequeña antes de pagar para evitar cargos adicionales no deseados.

9.2. Cómo viajar seguro por Tailandia

Viajar a Tailandia puede ser una experiencia emocionante y enriquecedora, pero es importante tomar medidas para garantizar tu seguridad durante tu viaje. Aquí hay algunos consejos para viajar seguro por Tailandia:

- **Mantén tus objetos de valor a salvo:** Tailandia es un destino turístico popular y, como tal, atrae a delincuentes que buscan aprovecharse de los turistas desprevenidos. Mantén tus objetos de valor (como tu pasaporte, dinero y tarjetas de crédito) a salvo en todo momento. Utiliza una riñonera o una bolsa de cinturón que esté cerca de tu cuerpo y no dejes tus objetos de valor en lugares públicos o en tu habitación de hotel.
- **Ten cuidado con el transporte público:** El transporte público en Tailandia puede ser caótico y peligroso. Si vas a usar tuk-tuks, mototaxis o taxis, asegúrate de elegir un conductor confiable y evitar aquellos que parecen estar en malas condiciones. Si vas a alquilar un vehículo, asegúrate de tener una licencia de conducir internacional y de conocer las reglas de tránsito locales.

- **Mantén tus documentos importantes a salvo:** Tu pasaporte y otros documentos importantes son esenciales para viajar a Tailandia. Mantenlos a salvo en todo momento y asegúrate de tener copias de tus documentos en caso de que se pierdan o sean robados. También es recomendable mantener una copia electrónica en tu correo electrónico o en la nube.
- **Mantén tus ojos abiertos:** Mantén tus ojos abiertos y presta atención a tu entorno en todo momento. Evita caminar solo por la noche y mantente alejado de áreas que parecen inseguras. Si te sientes incómodo en una situación, confía en tus instintos y busca ayuda.
- **Sé consciente de los estafadores:** Los estafadores son comunes en las áreas turísticas de Tailandia. Presta atención a los precios y asegúrate de negociar antes de comprar cualquier cosa. También es recomendable llevar dinero en efectivo en lugar de depender de tarjetas de crédito, ya que las estafas con tarjetas de crédito son comunes.
- **Vacúnate y toma medidas de precaución sanitaria:** Tailandia es un país tropical y hay ciertas enfermedades que puedes contraer, como la malaria y el dengue. Puedes vacunarte antes de viajar a Tailandia y toma medidas de precaución sanitaria, como usar repelente de mosquitos y llevar ropa que cubra tu piel. También es recomendable evitar beber agua del grifo y comer en puestos de comida callejera que parecen poco higiénicos.
- **Respeta la cultura local:** Tailandia es un país con una cultura única y es importante respetar las costumbres y tradiciones locales. Asegúrate de vestirte de manera adecuada cuando visites templos y lugares sagrados, y evita hacer o decir algo que pueda ofender a los locales.
- **Mantente informado:** Mantente informado sobre la situación política y de seguridad en Tailandia antes y durante tu viaje. Si hay alguna situación de seguridad en curso, sigue las instrucciones de las autoridades locales y mantén la calma.

Made in United States
Orlando, FL
15 October 2024